JN083321

ソーシャルワーク
研究のための
ポケットガイド

論文を書く・投稿する

Preparing Research Articles

ブルース・A. ティアー 著

舟木紳介・木村真希子・塩原良和 訳

新曜社

謝　辞

　私たちは皆，環境，自然，そして人間関係のなかで形づくられている。本書のはじまりは約 30 年前，私がミシガン大学のソーシャルワーク・社会科学合同博士課程で，博士論文のための研究を始めた頃まで遡れる。フィリップ・フェリンが率いるミシガン大学スクールオブソーシャルワークでは，イエスケル（ゼケ）・ヘイゼンフェルドが博士課程の主任だった。ソーシャルワーク学部では幸運なことに，エドウィン・トーマス，トニー・トリポディ，デヴィッド・ヒムル，シェリア・フェルド，ノーマ・ラディン，ジャック・ロスマン，チャールズ・ガーヴィンの指導を受けることができたし，心理学部ではヘーゼル・マーカス，ロバート・ザイアンス，ジェームズ・マッコネル，リチャード・ニスベットといった著名な先生方から学んだ。私の主指導教授はジェームズ・パップスドルフという心理学者で，ほんとうに丁寧に指導してくれた。そして精神医学講座の素晴らしい精神病医であったジョージ・カーティスは，臨床・調査における理想的なメンターであることを示してくれたし，そこでの私の同僚だったオリバー・キャメロンとランドルフ・ネスも同様だった。臨床ソーシャルワークの寛大な指導教員だったデヴィッド・ニールにも，大変感謝している。こうした先生方が，過去 30 年間のあいだに私が専門家として犯してきた過失のせいで責められることは望んでいないが，こうしたみなさまの助けのおかげで私が専門家として歩むことができたことに御礼を申し上げる。みなさまと，私が所属した博士課程に，心から感謝している。本書を，私の専門家としての人生に大きな影響を与え

i

た別のふたりの人物，アリーサ・ローゼンバウムとフリードリッヒ・A．ハイエクに捧げる。

ブルース・A．ティアー
フロリダ州タラハシー

目　次

謝辞　　i

第 1 章　学術雑誌論文の重要性　　1

第 2 章　1つまたはそれ以上の,
　　　　可能性のある学術雑誌に目標を定める　　15

第 3 章　原稿を準備する　　41

第 4 章　原稿を投稿する　　83

第 5 章　修正・掲載不可に対処する　　91

第 6 章　論文の著者としてのあなたの責務　　97

引用文献　　109

参考図書　　113

索引　　115

装幀——はんぺんデザイン　吉名　昌

第1章

学術雑誌論文の重要性

　ソーシャルワークのような専門的・科学的な研究分野において，質の高いピアレビュー学術雑誌（研究者の相互評価による学術雑誌）に論文を発表することは，他の研究成果の公開方法よりいくぶん高い学問的知見への貢献と見なされる。なぜそうなるのか？　それは公正なのか？　他者に研究を広める確実な方法に対して認識論的な特権を与えることは，一般的にあなたや専門職者らによって支持されるべきことだろうか。第1章では，ソーシャルワークにおける専門分野での貢献の一形態としての研究論文の位置について論じる。そして，専門分野の知見への貢献において，論文が他の方法より価値があるという根拠について説明してみたい。第2章以降では，1）研究成果を投稿する適切な学術雑誌を見つけ，選択する方法，2）研究論文を準備し，投稿する方法，3）論文を投稿し受諾，出版された後の著者としての義務，について考察する。私は研究論文を出版する際のいくつかの不可解な点，少なくともほとんど理解されていない研究論文出版のプロセスについて解説し，その分野におけるあなたの成功に貢献したい。同様に，（謙虚さに欠けるかもしれないが）私はソーシャルワーク研究全般の質が向上することを望んでいる。私は比較的成功した研究者として勤務し，様々なソーシャルワークおよびそれ以外の専門分野の学

術雑誌の編集委員会メンバーとして活動してきた。さらにいくつかの
ソーシャルワーク研究書を編集し，18年にわたって比較的有名なソー
シャルワーク研究誌を編集してきた経験がある。それらの経験によっ
て（ときには苦しみを味わいながらも）本書に書く情報のいくつかを
得ることができた。私は多くの失敗をしているし，いくつかの成功も
経験してきた。これらの経験を伝えることによって，おそらくあなた
が研究論文を出版する過程での失敗を減らし，成功を増やすことに貢
献できるだろう。

　次項では，ピアレビュー学術雑誌に掲載された論文がなぜ大きな功
績として認められるのかについて，いくつかの理由を説明したい。

◆―――ピアレビューのプロセス

　ほとんどの専門的なソーシャルワーク系学術雑誌は，アメリカ心
理学会（American Psychological Association）によって開発されてき
た出版形式であるAPA執筆要領を採用している。『APA論文作成マ
ニュアル』（American Psychological Association［APA］, 2001）とい
うたいへん重要な参考書にその方法が記述されており，行動科学や社
会科学の幅広い研究分野の学術雑誌で適用されている。投稿された論
文が形式的にAPA執筆要領で書かれていることを要求するだけでな
く，ほとんどのソーシャルワーク系学術雑誌は掲載する論文の選定方
法にあるプロセスを採用する。これは，「ピアレビュー（研究者によ
る相互評価）」と呼ばれ，こちらも上記マニュアルで説明している。
手短かに言えば（詳細については次章以降で説明するが）原稿は学術
雑誌の編集委員または編集委員長に提出される。学術雑誌の編集委
員は，投稿者（すなわち，あなた）へ論文を受領したことを示すハガ
キ，郵送の手紙，電子メールのいずれかを送り，今後の連絡を目的と

して番号を割り振る。編集委員はあなたの論文のテーマに関する専門知識を持った二人またはそれ以上の査読者を選ぶ。査読者が学術雑誌の編集委員会のメンバーの場合や，特定の専門知識を持った客員査読者の場合もある。査読者に送付される前に，投稿者を特定できるすべての情報（名前，所属等）が提出物から削除される。査読者はあなたの論文を批評する際，匿名査読をする。これはジェンダーによるバイアス，投稿者の所属機関によるバイアス（たとえば，ミシガン大学はソーシャルワークプログラムで高い権威を持ち，田舎の州立大学はあまり優秀ではないといったもの）をなくす効果がある。

　その後，編集委員はあなたの論文に関する査読結果を受け取る。査読結果には，定性的および定量的なコメントとは別に，その論文について1）掲載可，2）修正後再査読，3）掲載不可のいずれかの結果が査読者から通知される。編集委員に再提出された修正論文は，元々の査読者（または別の査読者）による再査読を依頼する場合としない場合がある。多くの学術雑誌は，修正内容が査読者の提言を十分に考慮しているかどうかを査定し，論文を掲載するか，掲載不可とするかを単独で決定する権限を編集委員に持たせている。

　匿名のピアレビューを利用した論文の選考は，広く採用されており，その他の方法よりも優れている。それゆえ，ほとんどすべてのソーシャルワーク系学術雑誌は匿名のピアレビューを実施しているのである。そして，匿名の査読は，論文のテーマに関する専門家だとされる者による修正に向けた建設的で重要な評価と（たいていは）提案をもたらし，専門分野の研究に対する他の成果よりもピアレビュー学術雑誌に掲載された論文の評価を高めている。匿名の査読を非匿名の査読と対比して（つまり，投稿者のアイデンティティを隠している場合と隠さない場合の査読を対比して）のメリットを評価する，いくつかの実証研究がある。それらによれば，匿名の査読は医学論文の

査読の質を高めることなく，査読処理時間を向上させることもなかったようである（例えば Justice, Cho, Winker, Berlin, & Rennie, 1998; van Rooyen, Godlee, Evans, Smith, & Black, 1998）。正直なところ，私はピアレビューを採用している雑誌に掲載された論文の方が，（投稿された論文のほとんどが掲載されてしまうという意味で）査読なしの学術雑誌や，掲載する論文の選考に編集委員が単独で責任を持つ学術雑誌の論文よりも質が高いということを証明するだけの，統制された実証的分析結果を見たことがない。しかし，そのようなデータがなかったとしても，ピアレビューによる論文の選定が出版物の質を高めるということは，すべての研究領域の学界においてほとんど自明のことである。

◆───学術雑誌での出版はあなたの研究成果を広める優れた方法である

あなたの研究や知見は，他の研究者らがあなたの研究成果を知ることができて初めて，学術的なコミュニティにおいて価値のあるものとなる。質の高いピアレビュー学術雑誌に掲載された論文は，購読する個人や図書館に送られる印刷された紙の学術雑誌に掲載される。また学術雑誌の出版社のウェブサイトからインターネットを通して閲覧することが可能な論文も増えており，学術雑誌を電子購読契約している図書館や，様々なデータベースやインデックス・サービスからの利用が可能である。近年は，ある人物の著作物を見つけたい場合，その人の名前を検索エンジン（例えば PsycInfo[1], *Web of Science*[2]）に入力する

---

[1] PsycINFO は，American Psychological Association（APA）が提供する学術文献データベース。文献は心理学関係のみならず，医学，法学，ソーシャルワークなど自然科学，社会科学の関連領域にわたる。ウェブサイト http://www.apa.org/pubs/databases/psycinfo

だけで，ほら，その人物が書いた論文の最新リストが出てきてしまうのである。ほとんどの主要な大学図書館では，教員や学生（卒業生も含む場合もある）がそれぞれの大学が購読している学術雑誌の論文に電子的にアクセスすることを許可している。つまり，同時的または若干遅れて電子版が出版されている学術雑誌論文は，現実的にはインターネットアクセスさえあればほとんど直ちに閲覧可能になる。あなたの学術雑誌論文は世界中に読者がいると言ってよい。

　単著や共著の書籍は，未だこのレベルの使いやすさになっていない。したがって，あなたの研究を広める手段として，学術雑誌論文は他の2つの発表方法よりも抜きんでている。学会発表（地方自治体，州，地域，国内，国際のいずれかのレベル）は，一般的には聴衆が比較的少ないが，参加者は論文またはパワーポイントの配布資料を一応はもらっていってくれるだろう。しかし，学会であなたの発表を実際に聞いた熱意ある人たちを除けば，あなたの研究テーマに関心がある人でも他の研究成果を知ることはできないのである。ほとんどの学会は完全な「予稿集」や報告されたすべての原稿の内容を公開していないし，発行されたとしてもフォーマットが統一されていなかったり，単にコピーを綴じただけのことが多く，うまく編集されていない。いくつかの学会では，DVDやウェブサイトで報告原稿を見ることができるが，それは稀である。さらに学術雑誌論文の発行のような丁寧な編集校正作業はたいてい行われていない。また，多くの学会は寄せられた報告申請をかなり高い確率で採択する。理由は単純である。学会は人が参加しないと成功しない。多くの研究報告を採択すれば，より多くの参加者が足を運ぶことになるからである。アメリカ国内のいく

[2]　Web of Science は，Clarivate Analytics 社が提供する学術文献データベース。自然科学・社会科学分野の外国雑誌の論文とその引用文献を検索することができる。ウェブサイト http://clarivate.jp/products/web-of-science/

つかの領域のソーシャルワーク学会がそうであるように，国際学会の中にはあまりにも高い確率で研究報告が採択されるものもある。学会研究報告の高い採択率は，精選されたピアレビュー・システムを採用している質の高い学術雑誌に掲載された論文の方が高い信頼を得る理由の一つでもある。

◆────学術雑誌は発行プロセスが速い

　多くの研究領域において，スピードは重要である。新しい発見が専門的な学術コミュニティに広がるスピードは，速いほど良い。多くのソーシャルワーク研究には，この時間的緊急性の要素が欠けている。もちろん私たちはなるべく早く研究成果が印刷物となることを望むが，これはたいてい誰かが自分たちの発見をスクープしたり，先を越されるという恐怖からではない（他の領域，例えば高エネルギー物理学とは異なる）。多少ばらつきはあるが，学術雑誌論文は，単著や共著の書籍と比較して，初稿提出から出版までの期間がたいてい短い。いくつかのトップクラスの自然科学系の学術雑誌は，レビューから採択決定，印刷までに2, 3か月しかかからないが，ソーシャルワーク分野の学術雑誌ではこのような迅速な出版システムができていない。ソーシャルワーク系学術雑誌でレベルの高いものでも，もっとも早くて1年程度であるし，かなり手続きに時間のかかる学術雑誌もある。ソーシャルワーク系学術雑誌に論文を掲載された著者に対するある調査によれば，いくつかの学術雑誌では論文が採択されたということが著者に伝えられるのに2年もかかっていた！（Thyer & Myers, 2003）。これは信じられないほど長い。私は本書を執筆しているときに，*Journal of Social Work Education* の2007年冬号を受け取ったが，この号の冒頭の論文が採択受理されたのは2004年の9月（27か

月前）で，2つ目の論文は2005年3月（2年近く前）で，3つ目の論文は2005年7月（18か月以上前）であった。学術雑誌論文の出版プロセスは悲しいほどに遅いものの，原稿提出，受理，組版，印刷，出版の段階を通して書籍を完成させることよりはたいてい早いだろう。それゆえ，普及と速さの両方の観点から，学術雑誌論文は他の成果発表の方法よりも好ましいのである。

◆───学術的なソーシャルワーク領域における昇進とテニュアの決定

　今日，ソーシャルワーク領域の大学教員の典型的なモデルは，全米ソーシャルワーク教育協議会（Council on Social Work Education: CSWE[3]）によって認可されたプログラムでソーシャルワーク修士（Master of Social Work: MSW）または同等の資格（理学修士ソーシャルワーク専攻 Master of Science in Social Work: MSSW，理学修士社会福祉運営管理専攻修士 Master of Science in Social Administration: MSSA，文学修士 Master of Arts: MA など）を持ち，数年の実践経験があり，ソーシャルワークまたは心理学，教育学，社会学，政治学等の近い領域で博士号を取得していることである。これらの条件を持つ研究者は，助教（assistant professor）というテニュア（終身在職資格）を申請できる地位で教員職を得る[4]。その後たいてい5年から7年間助

---

[3] Council on Social Work Education は，1952年に設立された専門的なソーシャルワーク教育を提供する大学院，大学のプログラムおよび2500人以上の個人会員を代表する非営利組織である。アメリカのソーシャルワーク教育プログラムの基準を決定し，基準を満たしている大学・大学院を認可する唯一の組織である。ウェブサイト http://www.cswe.org/

[4] 日本の社会科学系の大学では，助教は任期付きの職であり，そのままではテニュアを申請することができない場合が多い。

教を勤め，その後テニュアを持つ准教授（associate professor）への昇任申請ができる。テニュアとは，教員が例えば継続的な不適切な教育，重大な職権乱用，学生へのハラスメント，重罪を犯すなどの理由がある場合のみ免職され，さらに長期の調査，不服申し立ての適切な機会の行使の後にのみ免職されることを意味する。終身にわたって職を得るとか，解雇されないという意味ではない。

　昇任およびテニュアを申請する際，一般的には申請用の履歴書，助教としての在任期間中の教育，研究，その他業務に関する研究教育業績書一式を準備する。研究業績を示す書類としては，ピアレビュー学術雑誌に掲載された論文のコピー，すでに正式に採択されているが出版に至っていない論文原稿，出版されたまたは出版が近い分担執筆の書籍・編著・単著・学識を証明するその他の小さな研究成果が挙げられる。例えば，書評，論説，序文，専門職学術雑誌でのコメント，州・地域・国内外の学会での口頭発表論文などである。それらの研究成果のランキングについて大学教員および管理職に調査した結果がある。ソーシャルワーク領域だけでなくほとんどの学問領域においても，ピアレビュー学術雑誌における論文出版が最も高く位置づけられ，上記で挙げたような研究成果の種類と比較して，もっとも信頼できる研究成果とみなされている。このカテゴリーの中でも，単著論文は共著論文よりも高い評価を受け，筆頭執筆者は連名執筆者よりも評価が高い。さらに，質の高い学術雑誌は質の低い学術雑誌よりも，長い論文は短い論文よりも論文としての評価が高い。さらに実証的データの洗練された統計分析を含む論文は，他者によって集められたデータの第二次資料分析や簡単な推論的統計技術を使った分析よりも評価が高いとみなされている。

　Seipel（2003）は MSW または PhD プログラムを提供する大学に勤務するソーシャルワーク系教員 189 人に対して，ランダムサンプリン

グした調査を実施している。この調査結果は様々なタイプの出版物の相対的重要度を示し，上記で述べた私の多くの考えを実証的に証明した。この研究からいくつかの具体例を紹介する。

- ピアレビューの研究成果は，テニュア審査においてもっとも重要な要素であるべきである。〔…〕ピアレビューによる論文に対する回答者の評価は，ピアレビューを採用していない論文の評価よりも⅓から½も高かった。〔…〕大学研究者としてキャリアを積みたいソーシャルワーク教育者はピアレビューまたは厳しい審査がある学術雑誌での論文出版に力を注ぐべきである（pp. 81-82）。
- 単著論文はあらゆる執筆形態の中でもっとも価値のあるものであった（p. 84）。
- ソーシャルワーク教育者は単著論文を書くか，共同研究の筆頭執筆者になるための努力をすべきだ（p. 84）。
- 実証研究の論文は，非実証研究の論文と比較して，テニュア審査の際に若干評価が高かった（p. 85）。

　上記の指標はかなり一般的に書かれており，もちろん個々のソーシャルワークプログラム（学科）は別の研究成果を重要視するかもしれない。またテニュアへの昇任申請を審査する個々の上級レベルの教員（テニュアの地位を持つ教員）は，そのプログラムによって正式に決められた基準とは異なる基準を採用するかもしれない。しかしいずれにせよ上記の指針は公平かどうかは別にして，ソーシャルワークの学術領域においてもっとも一般的に採用されており，昇任を望む教員が昇任の機会を得る上で考慮に入れるべき実際上の現実なのである。

◆──インターネットは，印刷された学術雑誌を時代遅れ にしたか？

　まったくそうではない。実際には，「冊子版の学術雑誌は消滅する」というインターネット熱狂者たちによる 10 年前の一見正しそうな見通しとは反対に，インターネットによって冊子版の学術雑誌の影響力は飛躍的に強くなってきたのだ！　これは 2 つの同時的発展によって起こった。潤沢な資金的，人的資本を冊子版の学術雑誌に投資し，大きな収益を得ている鋭い視線の商業的出版社たちは，金の卵を産むガチョウを逃さない。かれらがしたのは，冊子版の学術雑誌の発行と並行して電子版学術雑誌の利用を可能にすることである。現在，個人購読者らは，郵送される冊子版を購入するか，たいてい冊子版に 2，3 週先んじて利用できるより安価なインターネット購読にするか，もしくは同時購読を選択することができる。これは毎号の冊子版と同時にウェブ版へのアクセスを提供するものである。ウェブ版は出版社にとって双方にメリットのあるものである。インターネット版の学術雑誌は冊子版と比較してコストがあまりかからない。出版社はオンライン購読については出版費用も郵送費用もかからない。その論文は，冊子版出版の一部としていずれにせよ印刷用 PDF フォーマットに整えられるので，オンライン購読用の PDF を作ることは追加収入を得る上でとても容易な方法の一つである。

　ソーシャルワーカーの多くは，コンピューターのモニターでよりも，冊子で学術雑誌の論文を読むことをあいかわらず好んでいる。印刷された論文であればコメントも書き込め，黄色の蛍光ペンで線も引くことができる。またオフィスの本棚にきれいに並んだ学術雑誌は真に正統な研究者であることの証明でもある！　電子購読しかなければ，例えば，ビーチで論文を読むこともできない（さらに砂がパソコ

ンのドライブスロットに入る可能性もある）。率直に言えば，ヤシの木のハンモックでダイキリをすすりつつ，リラックスしながら，最新のエキサイティングでもっとも好みの学術雑誌の冊子を読む以上に楽しいことはない。思いがけなく，インターネット購読による収入は，逆説的に印刷や郵送のコストが上昇する中で冊子版の学術雑誌の存続を支援しているのである。

　冊子版の学術雑誌継続に貢献しているもう一つの要因は，「パッケージ販売」による収入増加であった。私が編集している *Research on Social Work Practice（RSWP）* を含む 450 誌以上の冊子版学術雑誌を出版している SAGE 社のような，主要な出版社を取り上げてみる。この学術雑誌を図書館が定期購読すると年間 430 ドルかかる。高いように見えるが，個人購読の場合は 130 ドルで，Society for Social Work and Research（www.sswr.org）に 100 ドルで会員登録すると *RSWP* が無料購読できる。大学図書館は *RSWP* がよく利用されていることに気づき，当然年間購読を更新したいと考える。SAGE 社は *Affilia* というソーシャルワーク系学術雑誌も出版しているが，*RSWP* ほどは読まれていないし，引用数もより少ない。図書館は *Affilia* の年間購読を止めようとするだろう。SAGE 社の賢い販売担当者はソーシャルワークや行動科学領域の学術雑誌（需要が高いものも低いものも含む）の大規模なコレクションを「パッケージ」とすることにして，それぞれの学術雑誌を個別に年間購読する場合よりも圧倒的に安い費用でコレクション全体の学術雑誌の電子購読ができるように申し出てくる。図書館はこの特別提供に飛びつき，2 つの効果をもたらす。次第に，定期刊行物の収蔵において学術雑誌の冊子版だけを設置する図書館の割合が減り，冊子版で提供するよりもより多くの学術雑誌をオンラインで読めるようにする図書館の割合が増える。再び，結果として，冊子版の学術雑誌購読数が保たれたまま，オンラインの電

子購読はパッケージ販売という財政的な動機によって飛躍的に増加していく。このように，（出版社にとって）低いコストである学術雑誌のウェブによる電子購読は，より高価な冊子版の学術雑誌の存続に直接貢献することになるのである。*RSWP* を購読している図書館は長い間 400 機関程度であったが，電子購読パッケージの導入によって，購読機関数は 2 倍の 900 機関を超えており，たいてい教員と学生が無料で論文をダウンロードすることが可能である。例えば，2006 年には研究者によって *RSWP* の 7 万 4000 本の論文がダウンロードされた（ほとんどの場合，大学の機関購読によって無料であり，論文ごとに支払っている場合もある）。これらのウェブによる電子購読の発展は，ソーシャルワーク研究にアクセスする研究者の能力を確実に高めているし，このことはすべての学術雑誌に利益をもたらしているのである。

　完全にオンラインのみで発行している有名なソーシャルワーク系学術雑誌はまだ出てきていない。しかし，冊子版でスタートしたほとんどのソーシャルワーク系学術雑誌は，冊子版とオンライン版を同時に発行するようになってきており，これは良い方向性といえる。私は最近 *Clinical Social Work Journal* という学術雑誌で論文を発表した（Thyer, 2007）。オンライン版は 2006 年 11 月に閲覧可能になり，冊子版は 2007 年 2 月まで発行されなかった。学術雑誌のウェブサイトを通して，購読者には PDF 版が冊子版よりも数か月前に利用可能であり，大学関係者には無料だった（図書館が機関購読しているため）。学術雑誌を購読していなかったり，図書館利用ができないが特定の論文コピーがほしいソーシャルワーカーは，オンラインで個別の論文ごとに料金を支払い，オンラインでダウンロードが可能となる。

　私たちは冊子版の学術雑誌を最終的には手にすることができなくなるかもしれないが，まだ現実的ではない。現在のところは，ソーシャルワーク研究者にとって（オンライン版も同時発行している）伝統的

な冊子版の学術雑誌に論文を書くことが第一の選択である。私は第2章においてオンライン学術雑誌だけで論文を出版することのメリットとデメリットを論じる予定である。

◆────学術雑誌は読者による間違いの修正を可能にする

学術雑誌に掲載される論文は多くの読者によって読まれることになる。多くの人が注意深く精読し，影響力のある先行研究の引用の欠落，統計的分析の不正確な方法の利用，データの解釈ミスといった間違いを見つけることもある。ときには，発行後に原著者が間違いを犯したことに気づく場合もある！ ほとんどの学術雑誌はそのような現実を認識しており，修正の機会を作っている。小さい修正では，著者が次号学術雑誌で修正した文書，再分析した統計テスト，もしくは修正された数値を含む表を付けて，前論文の誤りを認める正誤表通知を出すことができる。またはある読者（X博士としよう）が論文の間違いを指摘し，推定される訂正情報を提供するより精巧な批評を書いて，科学的な正確さの観点から学術雑誌に掲載することを求めて編集委員に送付するかもしれない。もし編集委員がそのような意見を受け入れるならば，たいてい問題となっている論文の著者に勧めて元の論文を擁護する反証や，（まれに）間違いの指摘を認めたり，さらにその間違いがX博士によって適切に修正されたことを感謝する文章を掲載することもある。このように研究の間違いは何十年もそのままにされるというよりは，即座に修正されることが多い。この自己修正的な可能性があることは，書籍や学会報告のような学問的成果では起こりにくく，学術雑誌が他の研究成果よりも優れているもう一つの要素でもある。

◆───まとめ

　学術雑誌論文の出版は，これまでも，予測できる将来にわたっても，ソーシャルワーク研究の成果を公表する方法として，もっとも権威ある，有効な方法である。学術雑誌論文は，研究情報を伝える他の方法よりもより多くの読者により早く届く方法である。掲載論文を選定する時の匿名のピアレビューの過程は，論文選出の他の方法よりも質の高い論文を輩出する審査システムだと信じられている。したがって，学術雑誌論文を出版することは，学会発表，ブログやウェブサイトへの論文掲載，単著や共著書での研究発表よりも（少なくともソーシャルワークの学問領域においては）価値のあることなのである。この「序列」は何十年も定位置であり，それを形成する条件は変化していない。このように序列のリーダーである学術雑誌論文の相対的地位は近い将来も変化はないであろう。

---

[5]　日本の社会科学系の高等教育機関では，研究者としての就職や昇任においてピアレビュー学術雑誌に掲載された論文ももちろん重視されるが，そのうえでさらに単著の業績があることが求められる場合もある。それゆえ多くの場合，大学院生や若手研究者はまずピアレビュー学術雑誌に論文を何本か投稿し，その後に自らの研究成果をまとめた単著の刊行を目指すことになる。

第2章

1つまたはそれ以上の，可能性のある学術雑誌に目標を定める

　研究論文を書き始める前に，投稿を計画している学術雑誌，または少なくとも学術雑誌の種類を特定するように検討すべきである。学術雑誌の中にはあなたが良く知っているものもあるだろう。もし全米ソーシャルワーカー協会（National Association of Social Workers）の会員であれば，協会の機関誌 *Social Work* を購読できる。もし全米ソーシャルワーク教育協議会（Council on Social Work Education）の会員であれば *Journal of Social Work Education* を入手できる。もしソーシャルワーク研究学会（Society for Social Work and Research）の会員であれば，おそらく *Research on Social Work Practice* が手に入る。しかしそれらは多くの選択肢の一部である。いったいどれだけの英文のソーシャルワーク系学術雑誌が存在しているのか？　ある最近の目録には 70 以上の専門的なソーシャルワーク系学術雑誌が載っていることを知ったら，驚くかもしれない（Thyer, 2005）。当初のあなたの想定よりもずっと多くの，研究論文を投稿できる学術雑誌が存在するのである。Box 2.1 に掲載した英文によるソーシャルワーク系学術雑誌のリストとグーグルによる検索で，たいていは一つの適当な学術雑誌を見つけることができるだろう。もう一つのとても良い資料は，あるウェブサイトに掲載されている *Journals in Social Work and Related Disciplines* という論文である。この論文はヒューストン大学ソーシャルワーク大学院のパトリック・リャン教授およびモニット・チャン教授によって編集されたものである（Leung & Cheung, 2007）。この文書は定期的に更新されており，ヒューストン大学のウェブサイトで無料で参照することができる[1]。最新で有益なリストではあるが，特徴がある。Box 2.1 に表したようなほとんどの（すべてではない）学術雑誌が網羅されており，それぞれ編集委員の連絡先，（もしあれば）ウェブサイト情報，オンラインによる投稿の可否などの情報が載っている。しかし，関連領域の学術雑誌リストとしてはかなり一貫性を欠く。行動分析，行動療法，精神医学，臨床心理学の領域の学術雑誌がほとんど含まれておらず，ソーシャルワーク領域の学術雑誌のリストとしては有益だが，関連領域を含む学術雑誌の総合的なリストとしては不十分である。

　学術雑誌はたいてい，出版しようとしている論文にいくつかの焦点やある特定のタイプを求めているので，投稿する，または投稿の準備をしている研究内容に近い研究を出版している学術雑誌に精通しておくべきである。ほとんどのソーシャルワーク系学術雑誌は APA 執筆要領を採用しており，修正された APA 執筆要領を採用しているものもある。一方で全く異なった論文執筆要領を採用している学術雑誌もあり，それゆえある特定の学術雑誌に投稿しようと決めているのなら，少なくともどのような論文執筆要領で書くべきかを確かめる必要がある。しかし物事はそう単純ではなく，あなたが投稿する論文を選ぶときに考慮すべき重要な要素は，それ以外にも数多くある。Box 2.2 には論文出版する学術雑誌を選ぶ際の一般的なガイドラインを示して

---

[1]　2021 年 3 月現在，2014 年 2 月 1 日の最新バージョンが http://www.uh.edu/socialwork/_docs/cwep/journalsImpactFactorsHIndex.pdf でダウンロード可能となっている。

いる。そしてここでこれに関してあなたが抱くであろう，いくつかの
疑問にお答えしよう。

Box 2.1　英語圏のソーシャルワーク系学術雑誌

Haworth Press（*www.haworthpress.com*）[2]が出版するソーシャルワー
ク系学術雑誌

> *Administration in Social Work*
> *Journal of Ethnic and Cultural Diversity in Social Work*
> *Journal of Evidence-Based Social Work*
> *Journal of Family Social Work*
> *Journal of Forensic Social Work*
> *Journal of Gay and Lesbian Social Services*
> *Journal of Gerontological Social Work*
> *Journal of HIV/AIDS & Social Services*
> *Journal of Human Behavior in the Social Environment*
> *Journal of Policy Practice*
> *Journal of Progressive Human Services*
> *Journal of Psychosocial Oncology*
> *Journal of Religion and Spirituality in Social Work*
> *Journal of Social Service Research*
> *Journal of Social Work in Disability & Rehabilitation*
> *Journal of Social Work in End-of-Life & Palliative Care*
> *Journal of Social Work in Health Care*
> *Journal of Social Work in Long Term Care*
> *Journal of Social Work in Mental Health*
> *Journal of Social Work Practice in the Addictions*
> *Journal of Spirituality and Religion in Social Work*
> *Journal of Teaching in Social Work*
> *Psychoanalytic Social Work*
> *Smith College Studies in Social Work*
> *Social Work with Groups*
> *Social Work in Health Care*
> *Social Work in Mental Health*
> *Social Work in Public Health*

NASW が出版するソーシャルワーク系学術雑誌

---

[2]　Haworth Press は 2007 年に大手出版社 Taylor & Francis に買収され，これまで
Haworth Press で出版されていたジャーナルは，Taylor & Francis 社の電子ジャー
ナル・ウェブサイト（http://www.tandfonline.com/）に移行している。

Children in Schools
Health and Social Work
Social Work
Social Work Abstracts
Social Work Research

SAGE 社（www.sagepub.com）が出版するソーシャルワーク系学術
雑誌

Affilia: The Journal of Women in Social Work
Journal of European Social Policy
International Social Work
Qualitative Social Work
Research on Social Work Practice

その他の出版社のソーシャルワーク系学術雑誌

Advances in Social Work
Arete
Asia Pacific Journal of Social Work and Development
Australian Social Work
Black Caucus
British Journal of Social Work
Canadian Social Work Review
Caribbean Journal of Social Work
Child and Adolescent Social Work Journal
Child and Family Social Work
Clinical Social Work Journal
Ethics and Social Welfare
European Journal of Social Work
Families in Society
Hong Kong Journal of Social Work
Indian Journal of Social Work
International Journal of Social Welfare
Japanese Journal of Social Services
Journal of Baccalaureate Social Work
Journal of Comparative Social Welfare
Journal of Social Work
Journal of Social Work Education
Journal of Social Work Practice
Journal of Social Work Values and Ethics
Journal of Sociology and Social Welfare
Perspectives on Social Work

> *Practice*
> *Professional Development*
> *Reflections: Narratives of Professional Helping*
> *Rural Social Work*
> *School Social Work Journal*
> *Social Development Issues*
> *Social Service Review*
> *Social Work and Christianity*
> *Social Work Education*
> *Social Work Perspectives*
> *Social Work Review*
> *Social Work and Social Sciences Review*
> *The New Social Worker*
> *The Social Worker/Le Travailleur Social*

ここに掲載するソーシャルワーク系学術雑誌とは, social work または social welfare という単語がタイトルに含まれているか, ソーシャルワーク系教育機関の出版物であるか, または編集方針にソーシャルワーク系学術雑誌であると明確に記されているものを指す。この明らかに限定的な定義は, ソーシャルワーカーが「学際的」な学術雑誌として編集または出版している多くの学術雑誌, または多様な専門領域に関係する実践分野(例えば児童福祉, 公共政策, 対人サービスなど)の学術雑誌を取り上げていない。

◆───自分の研究論文をソーシャルワーク系学術雑誌に投稿すべきか? それともソーシャルワーク領域以外の学術雑誌に投稿すべきか?

これはあなたが前もって向かいあうべき基本的な問いである。それぞれにメリットとデメリットがあり, 考慮すべき分野ごとの基準もある。ソーシャルワーク系学術雑誌に掲載された論文はソーシャルワーカーに読まれやすい一方で, 他の領域(例えば心理学, 社会学, 教育学, 公衆衛生, 医学, 精神医学など)の学術雑誌に書かれた論文はその領域の専門家に読まれることになるだろう。また児童福祉, ドメスティック・バイオレンス, 依存症, メンタルヘルスなどの多くの学際

的領域においても，それぞれの領域で学術雑誌がある。児童虐待やネグレクトに関する学術雑誌に掲載された，これらの問題の予防に関する素晴らしい論文は，児童虐待やネグレクトに関心を持つ様々な領域の専門家に読まれることになるだろう。またそのような論文は，学際的なソーシャルワーク系学術雑誌に掲載されるよりも専門的な雑誌に掲載される方が，児童虐待やネグレクトの研究・実践分野においてより大きなインパクトを与えることになるだろう。また，悲しくも真実であることとして，ソーシャルワーク系学術雑誌の論文は，ソーシャルワーク領域以外の学術雑誌よりもその後数年にわたり引用されることが少ないのである。

　この事実を考慮すれば，ソーシャルワーク研究者の多くが，慎重にソーシャルワーク領域以外の学術雑誌に投稿することを選ぶのは必然である。ソーシャルワーク論文の約半数は専門分野以外の学術雑誌に掲載されているといってよい（Green, Baskin, & Bellin, 2002）。このことは科学全体としては良いことかもしれないが，ソーシャルワークの学問分野においては知的な貧困化をもたらしているともいえる。なぜなら，ソーシャルワーク分野の人々がそれ以外の領域で出版されている有益な研究に出会うことができなくなるからである。

　しかしながら，Seipel の分析（2003）によれば，ソーシャルワーク領域以外の関連領域（社会学，経済学，心理学など）の学術雑誌に掲載される論文は，ソーシャルワーク系学術雑誌に掲載された業績よりも，テニュアを得る点においてはわずかに低い価値が与えられていた。しかし，その影響は小さく，考え込む価値もないことだ。あなたはどこで名声を得たいのか，つまり，ソーシャルワーク研究者としてか，または所属が研究の質ほど重要ではない学際的な実践分野の専門家としてか，を考慮して選択すべきことである。ある実践分野（例えば児童福祉，腫瘍学，精神療法，政策実践など）でもっとも優秀な学

術雑誌への投稿をめざし，学術雑誌の専門分野との関係の問題を無視する研究者もいるだろう。これがおそらく優良な科学にもっとも近いアプローチである。ソーシャルワーク系学術雑誌への投稿の際，個人的に嫌な経験をして，意図して論文を投稿するのをやめた研究者たち，つまり，いうなれば個人的にボイコットをしているたいへん有名なソーシャルワーク研究者たちを知っている。しかし，警告するが，あなたがテニュア審査に投票権を持つ気難しい先輩研究者たちと働いていて，かれらがソーシャルワーク領域以外の論文の価値を認めず，日常的に無視しているのなら，あなたは高い倫理性のために代償を支払うことになるかもしれない。

◆───研究論文を，高いランクの学術雑誌に投稿すべきか，それとも低いランクの学術雑誌に投稿すべきか？

公式かつ信頼性があり，定期的に実施されるソーシャルワーク系学術雑誌のランキングシステムは存在しない。トップレベル，中間レベル，最下位レベルといったランキングは明らかに主観的な意見の一つである。Sellers, Smith, Mathiesen, Perry（2006）らは，全米のソーシャルワーク大学教員に対するアンケートを行い，数十の専門分野の学術雑誌の質を評価させた。そのアンケート結果を元に，回答者の主観的な評価からなるランキングシステムを作成し，学術雑誌をランク1，ランク2，ランク3，最低ランクの4段階のランクに分けた。しかし，いくつかのソーシャルワーク以外の領域の学術雑誌（例えば，*Journal of Community Psychology*, *American Journal of Community Psychology*など）もこの分析に含まれており，結果にある意味で不具合がある。私の判断によってそのランキングリストを掲載しないが，必要であればその論文を読んで容易にその情報は得られる。

名声のある学術雑誌は，高い不採択率（掲載不可の割合）を示すことが一般的である。つまり，あなたの論文が掲載される確率が低い。あなたの論文がトップレベルの学術雑誌で掲載不可となれば，別の新たな学術雑誌に再び投稿しなければならないと知るためだけに編集委員の決定を待って数か月を無駄にしたことになる。これは非常にストレスのたまることである。あなたの論文をより低いランクの学術雑誌に投稿すれば，掲載決定の可能性が高くなるかもしれない。しかし一方で，論文査読のプロセスの質が低い可能性も高くなり，掲載決定から印刷に至るまで長い期間待たされる可能性もでてくる。Seipel（2003, p. 84）は「トップレベルの学術雑誌に少数の素晴らしい研究論文が掲載されることは，低いレベルの学術雑誌に多数掲載されることよりも高い価値が認められるだろう」と論じた。もしあなたに時間の余裕さえあるなら，いいアドバイスといえる。もしあなたの睡眠が「テニュアの取得」という時計の針の音に妨げられていて，さらにあなたの所属先がテニュアの決定において学術雑誌のレベルの高さによって本当に差別しないなら，もっとも高いランクの学術雑誌にだけ投稿し続けることは，短期的にはあなたの研究者キャリアにおいて有害になりかねない。

　研究者として避けるべきは，手数料を支払って学術雑誌に論文を掲載させることである。そのような手数料はときに，強制的に 100 部程度の別刷を買わせることによって代えられる場合もある。そのような学術雑誌は，「助成出版学術雑誌」または「見栄のはけ口」として知られている。論文掲載受諾の際，あなたの論文が出版されるまでに数年かかるところを各ページにつき 18 ドルの「寄付」をすれば 1 年以内に出版されるというオプションが付く学術雑誌も存在する。これは早期出版費用の支払いへの強い誘因となる。別の要求としては，前述の 100 部の別刷の購入であり，論文のページ数によって料金が異なっ

てくる。例えば，4ページの論文であれば100部で35ドル，25ページであれば89ドルなどである。[3]

　今日，あなたの履歴書に「助成出版学術雑誌」に掲載された論文があることは，表面的には無知な人に好印象を与えるかもしれない。しかし，もし抜け目ない研究者があなたの昇任およびテニュア選考委員会のメンバーで，芳しくない問題のある業績と見なしたなら悲惨なことになる。その研究者はあなたの業績が，社会科学・行動科学の領域ではもっとも末席に置くべき出版の手段にあたることを知るだろうし，おそらくそのことによってあなたの申請を不合格とするだろう。私はこのようなことが起こった事実を知っているし，私自身もそのような「助成出版学術雑誌」にいくつかの論文を執筆したことを認めよう。そのような論文はたいていあまり重要でないプロジェクトであるか，または出版されずに無駄になることを避けたかった大学院生との共著であった。とても有名な学術雑誌から何通もの掲載不可の手紙をもらった後であれば，その論文がファイルの引き出し（またはハードディスク）でどんどん古びて朽ちていくよりは，意識して大胆に行動し，「助成出版学術雑誌」に投稿しようと決めることもあるかもしれない。しかしそのような学術雑誌への投稿は，出すとしてもあなたの最後の手段であり，控えめにすべきである。それらの論文はあなたの昇任およびテニュア申請書の中心であってはいけないし，連邦政府への研究助成計画書を提出する際に言及する主要な先行研究文献の出版元であってもいけない。いくつかの自然科学系学術雑誌では執筆者が論文手数料を支払い，それが例外的だったり軽蔑に値することではないこともある。しかし，ソーシャルワーク系学術雑誌ではそのような事情を聞いたことがない。[4] 社会科学，行動科学系学術雑誌で論文手

---

[3]　日本で発行される社会科学系学術雑誌の場合，論文投稿料・掲載料を支払ったり，抜き刷りを購入していてもこのような特典がない場合もある。

数料が必要なものは，概して評判は良くないというのが私の意見であ[5]
る。

　新興かつ正当なビジネスモデルとして，いくつかの学術雑誌（筆者
の知るかぎりソーシャルワーク系学術雑誌ではまだないが）は，掲載決
定となった論文の執筆者に論文の電子版をすぐオンライン掲載させる
ために一定の手数料を支払う選択肢を与える場合がある。いずれにし
ても，論文がPDFファイルで入手可能になるにつれ，今日では論文
別刷を購入する必要性は低い。そして多くの研究者はもはや購入する
ための時間も努力も費やさない。もしあなたの論文を紙媒体で必要
とする人がいるならば，大学図書館のデータベースから論文をダウン
ロードできなくても，論文のコピーで十分であろう。

◆───研究論文の投稿先は論文不採択率で選ぶべきか？

　一言で言えば，ノーである。なぜなら，ソーシャルワーク系学術雑
誌の論文不採択率を示す信頼できる独立した情報はないからだ。10
年以上前に，NASWがいくつかのソーシャルワーク系および非ソー
シャルワーク系学術雑誌の投稿情報（学術雑誌名，目的，発行形式，
編集委員，論文不採択率，提出先住所）を掲載した，学術雑誌に関す
るガイド本を出版したことがある（Marsh, 1997）。しかし，これはひ
どく不完全なリストで，出版された時点で情報も古かった。加えて，
提供されていた論文不採択率（これまで入手した中でもっとも正確に

---

[4]　日本で発行される社会科学系学術雑誌の場合，著者が投稿料・掲載料を支払わな
　　ければそもそも論文を投稿・掲載できないこともある。論文投稿料・掲載料を支払
　　わなくてよい場合でも，学会誌に投稿・掲載する際にその学会に年会費を支払って
　　入会しなければならないことも多い。
[5]　日本の社会科学研究分野の場合，学術雑誌の評価は寄稿者がこうした費用を支払
　　うかどうかとはあまり関係がないこともある。

近い記載事項ではあったが）は，それぞれの学術雑誌の編集委員の自己申告である。編集委員の立場にある者は，実際よりも人気があり，高いレベルである印象を学術雑誌に与えるために，投稿数や論文不採択数を水増しさせているかもしれない。

◆───歴史のある老舗の学術雑誌に論文を出版すべきか，それとも新しい学術雑誌に出版すべきか？

どちらにもメリットはある。老舗の学術雑誌は，新しい学術雑誌や評価の低い学術雑誌よりも，主要な抄録・引用論文データベースに登録されやすい。新しい学術雑誌がそのようなデータベースに登録されるには，大抵数年かかってしまう。学術雑誌がデータベースに分類されず，引用されないとすると，冊子版しか存在しないも同然になる。つまり，インターネットや電子データベースを利用する研究者の多くがその論文を読む（また引用する）可能性は低くなるだろう。しかし，新しい学術雑誌は査読，掲載決定，出版のプロセスに時間がかからない可能性があり，事実上投稿を懇願している場合もある。一方で時に新しい学術雑誌は生き残れない。数回または数年間だけ出版し，その後経営が成り立たなくなる場合もある。これを予期するのが難しい。

ケース・ウエスタン・リザーブ大学にある応用社会科学マンデル校は，CSWE 認定のソーシャルワーク・プログラムを持ち，過去 20 年間にわたって，*Journal of Applied Social Sciences*（*JASS*）を支援および出版してきた。私見としては，きちんとした学術雑誌であるが，確かにランク 3 の区分ではあった。この学術雑誌に掲載された論文（私の論文もいくつかある！）は今や見つけるのが難しくなっている。ほとんどの図書館は絶版した学術雑誌の冊子版を保存していないし，

JASS の古い論文はウェブサイトにも保存されていない。もしそれら
の *JASS* の論文の著者を見つけることができなかったり，その著者が
自分の論文のコピーを送るつもりがなければ，冊子版でさえ見つける
ことができない。Haworth Press から以前出版されていた *Journal of
Social Work in Long-Term Care* は，継続しなかった学術雑誌の一つ
である。あなたが後に出版されなくなる学術雑誌に論文を書いている
なら，他の研究者たちがあなたの論文を読む確率がとても低くなる。
このようなことが起こるリスクは新しい学術雑誌において高くなる。

◆───── 掲載の可否決定までどの程度の期間がかかるのか？

　研究論文を提出したら，掲載可否決定までの期間に絶えず注意して
ほしい。もし学術雑誌が投稿手続きにウェブサイトを利用しているな
ら，論文受理および査読開始の連絡を1日また2日以内に受け取るは
ずである。もし印刷した原稿の提出を要求されているなら（近年はま
れであるが），数週間かかるかもしれない。ときには編集委員の初期
判断で，あなたの論文がその学術雑誌にふさわしくないという理由
からすぐ返却される場合もある。その場合は，あなたはその論文を別
の学術雑誌に投稿してもよい。ソーシャルワーク系学術雑誌で掲載可
否決定に平均的にどの程度時間がかかるかについて，系統的なデー
タベースはない。同僚の経験を参考にする程度しかできないだろう。
私は20種類のソーシャルワーク系学術雑誌に執筆した研究者に対し
て，2つの調査研究を実施し，かれらの経験，例えば掲載可否にどの
程度時間がかかったかなど，に関する様々な比較統計データを得た
（Barker & Thyer, 2005; Thyer & Myers, 2003）。しかし，回答率が低
かったので，結果の代表性は未知数である。とはいえこれらの調査結
果は，私が知る限りこのトピックに関する唯一の実証的データである。

◆─── 出版のタイムラグはどうか？

　出版のタイムラグとは，あなたの論文が正式に掲載決定となってから実際に印刷されるまでに経過した期間の長さである。一般的にソーシャルワーク系学術雑誌ではひどく長いタイムラグが生じる。学術雑誌によって異なるが，数年かかることもよくある。論文がいつ受理され，いつ掲載を許可され，実際にいつ出版されたかの日付（一般的に論文の最後にある）を掲載している学術誌ならば，それを比べることで系統的ではないけれどタイムラグを推測することができる。タイムラグが長くなるほど，投稿の満足度は間違いなく低くなるだろう。最良の学術雑誌でさえ，出版まで約1年かかる。これは多くの点でとても残念なことだ。それらの論文はとても「古くさい」ものになってしまうかもしれない。さらに，長いタイムラグを理由として，最良の研究者がソーシャルワーク系学術雑誌に投稿しなくなり，重要なインパクトファクターを引き下げることになる。

◆─── 学術雑誌のインパクトファクターとは何か？

　インパクトファクター(IF)とは何かと思う人もいるかもしれない。*Web of Science*(WOS)（Journal Citation Reportsとしても知られている）というデータベースによって計算された単純な記述統計である。インパクトファクターとは，ある雑誌に掲載された論文が掲載されてから2年間にどの程度引用される傾向があるかを示す尺度である。[6]この尺度は，論文が出版された特定の学術雑誌における引用はもちろん，論文が掲載されてから2年間に出版されたすべての学術雑誌における引用を含んでいる。WOSデータベースは，地元の大学図書館でも比較的アクセスしやすく，25種類以上のソーシャルワーク系学術雑誌（良

いものも良くないものもあるが）の重要な情報が毎年更新されて含まれている。WOSのソーシャルワーク系学術雑誌のリストを見て，様々なソーシャルワーク系学術雑誌がインパクトファクターによってどのようにランク付けされ，そのランキングが年々どのように変化しているかを参照することができる。一般的には，インパクトファクターが高い学術雑誌であるほど，その学術雑誌に掲載されている論文は他者に引用される可能性が高く，あなたの論文の投稿先としてより望ましい。WOSのリストにある，例えば心理学，社会学，経済学などの他の研究領域と比較してみれば，ソーシャルワーク系学術雑誌のインパクトファクターはそれらの大半より明らかに低い。この結果は長いタイムラグの責任でもある。もしあなたがNASW機関誌 *Social Work* の2008年1月号に論文を出版するなら，別の研究者がそれを読んで，次週 *Social Work* に投稿する論文で引用するかもしれない。しかし，迅速な査読編集工程と受入があっても，学術雑誌のタイムラグによって，他の研究者によるあなたの論文の引用実績はインパクトファクターに影響を与える直近の2年以内の出版に間に合わない可能性がある。出版後，2年以上，3年，4年だけでも経った後の論文引用は学術雑誌のインパクトファクターに影響しない。学術雑誌出版のタイムラグをなくさない限り，ソーシャルワーク系学術雑誌のインパクトファクターは（そしてある程度まで，評判についても）低いままであろう。

　大元の発行者である Institute for Scientific Information（ISI）社のWOSのウェブサイトを見れば，25種類のソーシャルワーク系学術雑

---

[6]　毎年 Journal Citation Reports が公開するインパクトファクターは，被引用数と最近出版された論文との比率であり，特定のジャーナルのインパクトファクターは，対象年における引用回数を，対象年に先立つ2年間にそのジャーナルが掲載した論文総数で割ることによって計算される。クラリベイト・アナリティクスのサイトより。http://clarivate.jp/products/journal-citation-reports/impact-factor/

誌のインパクトファクターを見ることができる。一番簡単なのはあなたの地元の大学図書館システムからアクセスすることだ。データベース・コレクションから WOS または Journal Citation Reports を探せば，本章で論じた情報を見つけたりアクセスしたりすることができるだろう。見つけたりアクセスしたりすることが困難な場合は，大学図書館の司書が手助けしてくれるはずである。

　しかし，インパクトファクターは，ある程度変化しやすく，年々大幅に変わる可能性もあることに注意してほしい。そうなるのは，必ずしもその学術雑誌がよく読まれているか否かではなく，むしろその年に出版された論文の内容のためである。例えば，誰かがとても酷い内容の論文，非難に値する論文，奇怪な理論を出版すると，すぐさま他の研究者たちに取り上げられ引用されるかもしれない。しかしそれらの引用は，論文が馬鹿にされたり，酷い研究方法を指摘されるような否定的な引用である！　これは著者が望むような注目のされ方ではないが，インパクトファクターは肯定的な引用と否定的な引用を区別しない。ただ数えるだけである。インパクトファクターを上昇させる別の要因は，編集委員が編集論説にそれぞれの論文を引用し，説明する場合が考えられる。つまり，それぞれの論文が少なくとも1回はすぐに引用されることになるからである。しかしこれは他の研究者がいかに出版される論文を利用しているかについての正当な省察ではない。

　もう一つインパクトファクターを混乱させる学術雑誌の慣行がある。いくつかの学術雑誌はある主要な「ターゲット」論文を掲載すると同時に，その論文に関する論評特集を掲載し，大抵はターゲット論文の作者からのまとまった応答論文が続く。この出版方法は，学術雑誌のインパクトファクターを上昇させる。しかし，それは他の研究者がどれだけ論文を引用しているかについての現実的な省察だろうか？もちろん問題がある。もっとも高いインパクトファクターを持つ心理

学系学術雑誌の一つに *Behavioral and Brain Sciences* というものがあるが，この学術雑誌はすべての号に 1 つまたは 2 つのターゲット論文を出版し，研究者の論評と討論を掲載している。これが著しく高いインパクトファクターの要因となっているのである。

◆───投稿予定の学術雑誌は主要なインデックス，抄録，引用のデータベースに含まれているか？

　遠い昔においては，冊子版の学術雑誌の個人購読者が実際に論文を読み，参照する，または，研究者が大学図書館に出向き，学術雑誌の最新号を読み，後の精読および引用の可能性のために論文のコピーをとることがあれば，あなたの新しい研究論文は引用される見込みがあった。さらに，数か月後，あなたの発表した雑誌の抄録が *Psychological Abstracts* という冊子版の学術雑誌に掲載されれば，読者は抄録を通してあなたの研究成果の存在を知り，もしかすると見つけ出してその論文を引用したかもしれない。今日では，インターネットの発達によって，引用プロセスは著しく簡単になってきている。ソーシャルワークを含む様々な領域に関する論文の引用や抄録を掲載する特化型のデータベースが多くある。巨大な *Web of Science* データベースの一部である Social Science Citation Index（SSCI）は，ソーシャルワーク領域の主要なデータベースの一つであり，あなたが研究論文を投稿しようと考えている学術雑誌が，実際に SSCI の中に含まれているかどうかを確かめることはとても重要である。もしその学術雑誌がデータベースに含まれていなければ，研究者らが SSCI の電子学術雑誌検索を行っても，たとえあなたの名前や研究に関するキーワードを入力したとしても，あなたの研究成果が見つけられることはないだろう。あなたの研究論文がまるで存在しなかったことと同じな

のである。

　ある学術雑誌に出版された論文がどの抄録およびインデックス・サービスでレビューされているかについての情報は，たいてい学術雑誌の裏表紙にある投稿者向けの投稿方法や論文執筆方法のページに書かれている。*Research on Social Work Practice* の 2007 年 1 月号裏表紙にある情報を紹介する。

> **抄録およびインデックス**：本学術雑誌は，Caredata ABSTRACTS, Caredata CD, Caredata INFORMATION BULLETIN, Current Contents/Social & Behavioral Sciences, Current Index to Journals in Education, Health and Psychosocial Instrument, Human Resources Abstracts, Linguistics and Language Behavior Abstracts, Middle East: Abstract Index, Psychological Abstracts, PsycINFO, Research Alert, Sage Family Studies Abstracts, Sage Urban Studies Abstracts, Social Planning / Policy & Development Abstracts, Social Sciences Citation Index, Social Sciences Index, Social SciSearch, Social Work Abstracts, Sociological Abstracts, and Violence and Abuse Abstracts に登録されている。

　これらのデータベースのすべてを知っているわけではないだろうが，これはとても総合的なリストである。もっとも重要なものは，前述の Social Sciences Citation Index, PsycINFO, *Psychological Abstracts* である。これらは文献検索を行う個人に利用される中でもっとも大きく，最良で総合的かつ一貫性のある情報源である。残念なことにソーシャルワークの専門領域の主要抄録データベースである *Social Work Abstracts* は，維持管理体制の質がとても低いプログラムである。総合性を強調しているけれども，2 つの最新の分析によれば，範囲に大きな問題があり（Holden, Barker, Covert-Vail, Rosenberg,

& Cohen, 2007; Shek, 2008），ソーシャルワーク研究者がすべての学術雑誌の総合的な範囲を検索するためには *Social Work Abstracts* では不十分であるとされている。それゆえ，このデータベースを利用した先行研究のレビューは，深刻に信用度が下がることになるだろう。あなたが投稿しようとする学術雑誌が SSCI または PsycINFO に入っていることを確かめさえすれば，他の研究者らがあなたの研究論文にアクセスすることに問題はなくなる。

◆───投稿予定の学術雑誌は実証研究論文を本当に多く掲載しているか？

興味深いことに，ソーシャルワーク系学術雑誌の論文の多くは実証研究の成果ではない（Rosen, Proctor, & Staudt, 1999)。多くの学術雑誌では，意見見解，エッセイ，政治論説，臨床的実践論文，専門分野事情に関するコメント，最新の実践教育の方法等といった，実証研究に該当しない論文がよく掲載されている。NASW が発行する学術雑誌 *Social Work* の最近の号を見れば，そのような論文ばかりを目にするだろう。ほとんどの NASW 会員は研究者ではないし，研究論文を読むことにあまり関心がないので，このような傾向は理解できる。統計的データを詰め込み詳細に論じられた重要な研究論文は，とても先駆的な科学的研究成果かもしれないが，*Social Work* の査読の際には必ずしもうまくいかないのである。もちろん，この他にソーシャルワークの実証研究成果を出版することに特化した学術雑誌もあり，例えば，NASW の専門学術雑誌の *Social Work Research*，シカゴ大学の *Social Service Review*（間違いなくもっとも権威あるソーシャルワーク研究の学術雑誌），SAGE 社発行の *Research on Social Work Practice*，Haworth Press 社発行の *Journal of Social Service Research*

などが挙げられる。あなたの本物の実証研究論文は，NASW の *Social Work* よりもこれらの専門学術雑誌に投稿すべきかもしれない。

しかし，年間に掲載される実際の論文数も重要である。*Research on Social Work Practice* は 2 か月に 1 回ずつ（年間 6 回）発行される。2005 年，この学術雑誌は 46 本の論文と様々なエッセイおよび書評を掲載した。*Social Work Research, Social Service Review, Journal of Social Service Research* は 3 か月に 1 回ずつ発行され，2005 年にはそれぞれ 17 本，24 本，33 本の論文を掲載した。ソーシャルワーク分野でもっとも多くの研究論文を発行している学術雑誌への掲載をめざしているなら，他の学術雑誌よりも 3 倍以上の論文数を発行している *Research on Social Work Practice* が好ましいだろう。ただし *Social Service Review* は，より「堅実な」研究論文を掲載していると一般的には言われている。

研究論文を発行する学術雑誌の中には，研究論文に個別・専門分野に特化した形式を求めるものがある。*Research on Social Work Practice* は，極端な例の一つであるが，以下の 3 つのタイプの論文のみ掲載可とする。3 つのタイプとは，(1) ソーシャルワーク実践についての実証的研究，(2) ソーシャルワーク研究または実践に有益なアセスメント方法の開発と検証に関する報告，(3) 特定の心理社会的治療や，特定の心理社会的問題を抱えたクライエントを支援する効果的方法の証拠となる基盤についてのレビュー論文である。この学術雑誌の編集方針（学術雑誌に毎号掲載されている）には，調査，プログラム概説，理論・哲学・概念的研究，相関分析研究，遡及的予測因子研究，純粋な方法論研究論文，記述研究，ニーズアセスメントに関する論文は掲載しないと明確に書かれている。この方針はとても限定されていて，ソーシャルワーク研究者によって書かれた研究論文の大多数を排除することになる。もしニーズアセスメントについて論文を書い

たならば，このような個別・専門分野に特化した学術雑誌に投稿して時間を無駄にすべきではない。代わりにあなたの研究に似ている論文を発行する学術雑誌を見つけ，その一つを適切な投稿先に考慮すべきである。反対に，たとえ1度であっても，1つの機関の実際的なプログラム評価や1つの主題の研究について実証研究を実施したなら，*Research on Social Work Practice* はより適切な投稿先となるかもしれない。

◆───電子媒体のみの学術雑誌で論文を出すべきか？

　答えはノーである。あなたの研究成果を他の研究者に広く知ってもらいたいなら，電子媒体のみの学術雑誌に論文を出すべきではない。数年前，ある大学のソーシャルワーク学部が電子版のソーシャルワーク系学術雑誌の発行を開始したが，1，2回発行した後に休刊した。もちろん，あらゆる抄録または引用データベースに登録されることもなく，ウェブサイトがなくなった際に論文等の存在の痕跡さえ消えてしまった。2004年に新たにオンラインだけのソーシャルワーク専門学術雑誌（*Journal of Social Work Values and Ethics*, https://jswve.org/）が創刊されたが，将来への展望は不明である[7]。この学術雑誌は *Social Work Abstracts* と *Social Science Abstracts* に抄録されているが，その他の大きなデータベースには抄録されていないので，研究者がこの学術雑誌に出会うことは難しい。報じられるところではソーシャルワーク系オンライン学術雑誌は，発展段階にある。ほとんどの質の高いソーシャルワーク系学術雑誌は冊子版と電子版の両方が利用可能であり，電子出版物の擁護者が推進したアクセスの良さを享受し

---

[7]　2021年3月時点で，2020年春号まで発行され続けている。

ているが，電子版だけのソーシャルワーク系学術雑誌に論文を書くことはまだ好ましい行為ではないだろうし，これは他の研究分野にも当てはまることである。物理・自然科学分野にはウェブサイトだけに掲載する，評判の良い学術雑誌もいくつかあるが，一般的には冊子版の学術雑誌が研究者にとっては好ましい論文投稿先である。

◆───発行部数の多い学術雑誌に論文を掲載すべきか？

2, 30年ほど前，研究者が新しい論文を見つける主要な方法は，冊子版の学術雑誌を読むことだった。その当時，購読者数は学術雑誌の影響力にとって最も重要であった。現在では，学術雑誌を個人購読したり，大学図書館で学術雑誌の最新号を読むことではなく，ウェブサイト上の電子的な抄録・引用データベースを通じて新しい論文を知ることが増えてきている。このように発行部数は以前よりも重要でなくなってきた。シカゴ大学が発行する *Social Service Review* の購読者数は3000人以下である一方で，NASW旗艦誌の *Social Work* の購読者数は12万人を超えている。にもかかわらず，*Social Service Review* は *Social Work* よりも頻繁に引用されている。つまり発行部数は以前に比べて考慮する必要度が下がっている。大学図書館や学術雑誌のウェブサイトを通じてのダウンロード可能な論文の利用は，研究者の論文出版の状況も変化させた。例えば，2006年には *Research on Social Work Practice* から7万4000本以上の論文がダウンロードされている。これは3000人以下の定期購読者数の学術雑誌としては巨大な購読者数であり，ウェブサイトを通じた論文の利用がどれだけ劇的に研究者の論文へのアクセスを促進させてきたかを表している。

Box 2.2　論文出版する学術雑誌を選ぶ際の一般的なガイドライン

・Social Science Citation Index や PsycINFO のような巨大な引用および抄録データベースに含まれている学術雑誌を選ぼう。
・手数料が必要である学術雑誌や，紙の抜き刷りの購入を要求する学術雑誌で出版するのは避けよう。
・短期間で初期の編集上の決定が行われる学術雑誌へ優先して投稿しよう。
・掲載決定から出版までの時間差があまりない学術雑誌へ優先して投稿しよう。
・昇任またはテニュア取得をめざしているなら，同僚がどのような学術雑誌に価値を置いているか，ソーシャルワーク系か非ソーシャルワーク系のどちらを重要視しているかを把握し，それに応じて学術雑誌の投稿先を選ぼう。
・よりインパクトファクターの高い学術雑誌へ優先して投稿しよう。
・冊子版と電子版の両方がある学術雑誌へ投稿しよう。
・学術雑誌を選択する際，人間関係，理論的または方法論的な志向，編集委員のバイアスを倫理的に適切に利用しよう。
・原稿査読，決定のプロセスにおいて，編集委員があなたの原稿をすぐに処理するような分権化した査読システムを持つ学術雑誌へ優先して投稿しよう。

◆───理論的または対人関係的な要因を倫理的に適切に利用すること

　いくつかの学術雑誌は明らかに理論的な偏りがある。例えば，*Clinical Social Work Journal* は，精神力動理論およびそれに関連する理論を使った論文に対して明らかに好意的な先入観を持っている。一方，*Affilia: Journal of Women in Social Work* はフェミニストな視点を支持している。もしあなたが研究論文を査読者や編集委員が支持する理論や視点から書いているなら，彼／彼女らの考え方を無視したり，別の／挑戦的な考え方を提示する論文よりも明らかに良い結果が出るだろう。あなたの論文が最新のメタ分析についてなら，

Qualitative Social Work という学術雑誌は最良の投稿先ではないか
もしれない。これらのことは常識だが，学術雑誌の方針によく精通
することには意味がある。*Journal of Applied Behavior Analysis* と
Journal of Applied Behavioral Science は全くかけ離れた学術雑誌で，
前者の学術雑誌で採択されたものは後者の学術雑誌では即座に掲載不
可にされるだろうし，その逆も同様の結果となるだろう。編集委員は
その学術雑誌に適していない投稿論文を頻繁に受理する。良い例とし
ては，編集委員が投稿者にすぐに連絡し，その学術雑誌に適していな
い論文を査読することを丁寧に断り，原稿を処分または返却する。
もっとも悪い例としては，査読者に送られ，その学術雑誌の綱領およ
び編集方針に適していないことを理由とした掲載不可の通知を受け取
るまでに，何か月もやきもきするのである。これは時間の無駄である
し，あなたの論文の最終的な発行を遅らせることになる。

　編集委員も学術雑誌で自分の名前を見たいものである。もしあなた
がX氏のライフワークを徹底して論破することに専心するのではな
く，あなたの論文が編集委員X氏による関連した先行文献を好意的
に引用しているなら，X氏はあなたの論文に対して若干であっても良
い印象を持つかもしれない！　X氏が編集する学術雑誌へ投稿するに
先立って，あなたの論文が掲載されやすいようにX氏の論文の引用
をむやみにいくつか挿入することを薦めているわけではない。お願い
だから知っておいてほしい。もしX氏があなたの研究テーマについ
て論文を書いていて，X氏が書いてきたものが純粋にあなたの研究と
密接な関連があれば，X氏はあなたの怠慢に少々怒るかもしれない。
または，編集委員X氏がY博士と深刻に仲が悪く，あなたが論文の
中でY氏の顕著な業績の長所を称賛するなら，X氏があなたの見識
に疑問を抱く可能性がある。優先順位は数えきれないぐらい複雑で，
利用すべき要因や避けるべき地雷に気づくことはおそらく不可能で

ある。最良の方法は，はっきりとわかる（理論的または対人関係的な）要因に気づき，適切に行動することである。

◆───誰が論文編集を担当しているのか？

　ほとんどの専門的学術雑誌には，あなたが原稿を送付する編集委員または編集委員長がいる。この立場の人はあなたの記名の論文を読み，匿名の査読をする何人かの査読者に割り当てる。査読者には一般的に編集委員会メンバーや編集委員があたり，ときおり編集委員が論文査読者として特定の専門知識を持つと考える同僚の研究者に依頼する。その後，査読者らは査読結果とコメントを編集委員に送付し，編集委員がこれらの情報を考慮し，可否を決定し，投稿者へ通知する。しかし，ソーシャルワーク領域ではやり方が少々変わっている[8]。2つの主要な専門職団体であるNASWとCSWEはある異なったモデルを採用している。2つの団体の代表者が発行する学術雑誌の編集委員を任命し，それぞれの団体が発行のための出版スタッフを組織する。あなたがNASWやCSWEの学術雑誌編集委員へ論文を送付しても，編集委員には届かず，それぞれの組織の発行担当部署の，確実に才能のある人ではあるが，おそらくソーシャルワーカーでも学術雑誌論文執筆の経験者でもないスタッフに送付されるのである。そのスタッフがあなたの論文を，雑誌に付されたキーワードを用いて，それらを学術雑誌編集委員の関心や専門領域を示したとされるキーワードのリストを参考に合致させて，編集委員会のメンバーに割り振る。それゆ

---

[8]　日本における社会科学系，とくに社会福祉およびソーシャルワーク系学術雑誌では，一般的にアメリカの専門的学術雑誌と同様の査読システムを採用しているが，掲載決定は編集委員または編集委員長個人ではなく編集委員会として決定する場合が多い。例）日本社会福祉学会学会誌「社会福祉学」投稿要領 https://www.jssw.jp/wp-content/uploads/call_for_paper_2019.pdf

え，論文が受理された時からスタッフが査読者へ送付するまでに，かなり時間がかかる場合がでてくる。

　指定された査読者が査読するのが理想的だが，もしそうならなかった場合，スタッフは（ときには最初の査読者に送付されて数か月たった後）別の一人または複数の（より反応のよい）査読者に依頼しなおすかもしれない。これもまたかなり時間がかかる。スタッフはあなたの論文に対して必要とされた2人から4人の査読者をとうとう見つけだし，しかるのち編集委員が投稿者名を伏せた原稿コピーおよび査読結果を受け取る。編集委員は掲載可否を決定し，スタッフに連絡し，その後あなたに通知される。

　このプロセスは非常に時間がかかる。編集委員が論文を直接受け取り，査読者を直接割り振り，査読結果を送付するといった，あいだをとりもつスタッフがいない分権化したシステムと比較して，投稿を処理し，査読を手配するNASWおよびCSWEの学術雑誌に関するこの中央集権的な査読メカニズムは，査読のプロセスが異常に長くなる。この業界のさまざまな人々は長い間，APAマニュアルで説明されている分権化した査読システムを採用するようにNASWやCSWEに要望している。しかし，これらの団体は説得されていない。私は25年以上両団体の忠実な会員であるが，不本意ながらこのシステムが効果的な論文査読システムではないことを認めざるを得ない。それゆえに，もしあなたがより早い査読と掲載決定プロセスを求めるなら，分権化された査読システムを使っている学術雑誌に論文投稿すべきだ。査読付き論文の数が昇任やテニュアの取得の条件であるソーシャルワーク研究者にとって，特に重要な要素である。テニュアの決定投票の6か月前まで待機していては失敗につながることを知るべきだ。このように研究者は，査読・採択決定・最終発行までのプロセスには十分な時間を考慮しなければならないのである。

第3章

原稿を準備する

　原稿を投稿しようと思っている学術誌の執筆要領を熟知しておくことは，非常に重要である。ほとんどのソーシャルワーク関係の学術誌は，アメリカ心理学会（APA）の執筆要領を採用している（APA, 2001）。最低一回は，最初から最後まで目を通すといいだろう。発見や，疑問の多さに驚くのではないだろうか。APAの執筆要領を学ぶことは，統計学を学ぶようなものである。調査に必要不可欠な技術であり，非常に役にたつだろう。以下は，APA執筆要領に関して自問すべきことである。もし一問でも確信が持てなかったり，間違えたりしたら，ルールを学び直す必要がある。

1. 参考文献リストを作成する際，学術誌の巻，号を記載すべきか否か
2. シングル・スペース〔空白行なし〕を使用するのはどんなときか
3. 太字のフォントを使用するのはどんなときか
4. 原稿を準備する際の，見出しや小見出しの付け方を理解しているか
5. 右端揃えが許されるのはどんなときか

投稿しようと思っている学術誌が APA 執筆要領を採用している場合は，改変がなされていないかどうかを確認しよう。一部の学術誌は，APA 執筆要領に独自の様式上の変更を加えるように原稿の筆者に求めている。もしそうなら，もちろんそれに従う必要がある。

　学術誌の執筆要領マニュアルを熟知したら，投稿する研究論文を書いてみよう。ところで，上記の質問 2, 3, 5 の正解は全て同じである。<u>絶対にやってはいけない！</u>

◆────アウトラインを書き出すべきか，書き出さないべきか

　論文草稿を執筆するには，まずアウトラインを書き出すことからはじめるのがよいと思っている研究者がいる。私もそうである。そうしない人もいるが，これは個人的な好みと経験の問題である。自分にとってやりやすい方法でよい。ただ，もしアウトラインを書き出すのであれば，APA の執筆要領に従った見出しを使用しておくと，最終稿も問題なく仕上がる。APA 執筆要領（2001, p. 113）は各見出しを構造化する際の水準を下記のように定めている（これにしたがって最初のアウトラインの構造を書き出すといい）。

中央寄せの大文字・小文字の見出し（見出し水準 1）

<u>中央寄せ，イタリック，大文字・小文字の見出し</u>（見出し水準 2）

<u>左端揃え，イタリック，大文字・小文字の脇見出し</u>（見出し水準 3）

<u>最後がピリオドで終わる，字下げ，イタリック，小文字の段落見出し</u>（見出し水準 4）

中央寄せの大文字の見出し（見出し水準 5）

　ソーシャルワークの研究論文で，この 5 種類の見出しすべてを使う

ことは稀である。1番上の水準から始めて，水準5は複数の実験や研究を含む報告書にとっておいた方がいいだろう。多くの場合，水準2まで使用すれば十分である。以下が，ソーシャルワークの成果研究を記述した例である。

方法 （水準1）

<u>クライエント</u> （水準2）

<u>調査デザイン</u>

<u>成果測定尺度</u>

<u>介入</u>

結果

<u>仮説1</u>

<u>仮説2</u>

<u>（その他）</u>

議論と実践への応用

　これは一般的なアウトラインであり，あるソーシャルワーク実践の成果研究を執筆するためのひな形である。事実探索型研究に対する記述型研究，それに対する事実探索型研究など，価値のある実証的調査のやり方は他にもたくさんある。しかし専門用語やアウトラインの違いはわずかなので，あなたの研究にあわせて変更しても問題はない。満足のいくまでアウトラインをいじっても差し支えないが，大事な部分は変更しないように。参考文献を論文の真ん中に持ってきたり，調査結果を序論の前に持ってくることはできない。

　アウトラインが満足のいくものになったら，原稿の構成づくりに取り掛かり，調査の背景と内容，結果を記述しよう。Box 3.1 に，ソーシャルワーク調査研究論文の構成の例が示してある。

Box 3.1　ソーシャルワーク実践研究論文の構成のアウトラインの例

タイトル・ページ
要旨のページ
序論（探索的もしくは介入的研究であれば，1つか2つの仮説で締めめくくる）
　　　　　　　　　方法
クライエント［もしくは参加者］
組織の現状の環境（実践に関連した研究でなければ，省略可）
調査デザイン
成果測定尺度［従属変数］
ソーシャルワークによる介入［独立変数］
　　　　　　　　　結果
（それぞれの仮説ごとに論拠に言及し，結論を順序良く示そう）
議論と実践への応用［ソーシャルワークの議論と応用への示唆］
　　　　　　　　参考文献
　　　　　表（もしあれば）（1ページに1つ）
　　　図の説明文（もしあれば）（説明文は1ページに全てのせる）
図（もしあれば）（1ページに1つ）

ほかの形態の調査を行う際に代替できる用語を［　］内で示した。
これは実証的成果研究や，その他の量的調査の論文草稿の例である。質的調査など，ほかの調査方法であれば変わってくる。

◆───論文執筆のためにワープロのデフォルトを設定する

　もしあなたがワープロを使っているなら（ほとんどの学術誌はマイクロソフト・word文書で原稿を提出するよう定めている），余白が左右前後全て1インチできちんと標準設定されていることを確認しよう。1インチ12文字という標準のタイプ・サイズを使用し，Times New RomanかCourierをフォントに設定すること。行間はダブル・スペースに設定して，いじらない。表や参考文献を含めて，原稿全体を通してダブル・スペース〔1行あけ〕を使用する。多くの執筆者が参考文献をシングル・スペース〔空白行なし〕にするが，これはAPA執筆

要領としては正しくない。絶対にやらないように。タイトルのページから，自動的にヘッダーとページ番号がページ右上に表示されるように設定しよう。もしどうやって設定するのかわからなければ，時間をかけてやり方を覚えること。図のページ以外は，全てのページにヘッダーとページ番号を表示する必要がある。ヘッダーは，論文の内容を示す2，3の単語で良い。例えば，

家庭内暴力加害者への介入プログラム1

などである。ヘッダーは，あなたの論文が検索されるように論文につけるキーワードと同じではない。ヘッダーとページ番号は，手動で挿入しないほうがいいだろう。手動で挿入すると，原稿を修正するたびにページ番号が狂い，ヘッダーとページ番号がページの上部という規定の場所におさまらず本文にまぎれてしまうだろう。ページ番号はページの下部のいかなる場所にも，挿入してはいけない。

◆───原稿の要素

■タイトル・ページ

　論文全体のデフォルトを設定したら，タイトル・ページの作成に取り掛かろう。このページには，3つの簡単な要素しかない。ヘッダーのすぐ下は（もちろんダブル・スペースで）いわゆる欄外見出しであり，短縮されたタイトルである。それを左端揃えで，全て大文字で記述しよう。スペースや句読点を含めて50文字以内に収めること。

　次に，大文字と小文字を使って論文のタイトルを記す。タイトルはページの上半分に書き，中央揃えにする。太字体は使わず，2行以上にわたる時にはダブル・スペースを使用すること。いいタイトルをつ

けるには，コツが要る。論文が何について書かれているのかを，余分な語句を用いずに表さなければならない。実際，多くの学術誌はタイトルを 12 語以内に収めるように指示している。短くまとめるのは重要なことだ。「予備的研究」「試論的考察」などの余計な言い回しは慎もう。私が研究論文で使ったタイトルのうち，妥当だと思えるのは下記のとおりである。

ソーシャルワーク系学術誌における編集作業の経験的評価

ソーシャルワーク系学術誌の寄稿者の学問的所属：
1994 年 - 1998 年の生産性分析

ホームレスへの支援
ホームレス向けシェルター支援の効率性の評価

大学のカウンセリング・センターにおける
短期的トリートメント（処遇）の効果の検証

「精神障害の分類と診断の手引き」第 3 版による不安障害の発病年齢

2 つの主要なテスト不安測定尺度による判別と併存的妥当性

先述のように，タイトルは論文が何について書かれたものか 12 語以内で簡潔に伝えなければならず，不必要な言い回しは避けるべきである。論文の内容だけでなく，そこでどんな知見を得たのかを表すタイトルを考えてもいいかもしれない。私自身の論文のタイトルの中では，下記のようなものがある。

エタノールは非アルコール性の恐怖症の脱感作現象を遅延させる

批判へのおそれは強迫性障害に特有のものではない

　読者の関心を引くような問いを，タイトルで投げかけるのも一案である。

発達障害をもつ子どものいる家庭は十分なサービスを受けているか？

ソーシャルワーク分野に特有の学問的知識を発展させること：
それは可能なのか？

　タイトルの下には，第一著者の名前と所属をダブル・スペースで明記すべきである。キャリア形成のうえでは，全ての専門的業績に記す自分の名前を，同じ表記に統一しておくほうがよい。何年にもわたり同じ名前の表記で通しておけば，他人がコンピュータであなたの論文を検索するときも面倒がない。私は「Bruce A. Thyer」を使っており，「B. A. Thyer」や「Bruce Thyer」，「B. Allen Thyer」など他の表記法は避けてきた。職業上の名前の表記の仕方をひとつに定めておくことは，年月を重ね名前を変更する際にとりわけ重要である。私は多くの論文を執筆してきた女性のソーシャルワーカーで，何回か結婚してその度に法律上の名前を変えた人物を知っている。しかし，彼女はずっとひとつの名前（結婚前の名前）を職業上の名前として使っており，それは非常に賢明なことである。また，APA の表記法では，名前のあとに学位を明記することはない。博士号，ソーシャルワーク修士号，学士号のどれもである。もちろん，「学士，修士，博士」などと全ての学位を続けて表記することもない。こうしたことは，はっきりいって下品である。また，名前のあとに ACSW や LCSW，[1]　　　　　[2] 催眠術療法士やその他の職業上の資格も表記しない。ただ APA 執筆要領を採用している学術誌でも，そのように表記させるものもあるので，

その雑誌の最新号を確認するのがいいだろう。ただし一般的には，学位や資格は表記しない。

　名前の下には，所属を書く。単科大学や総合大学であれば，大学名だけを記載すること。大学にいくつかキャンパスがあれば，所属しているキャンパスも明記する。ソーシャルワーク学科・学部など，現在の詳細な所属を記載しないこと。これらは，自分の連絡先住所を記載する箇所があれば，そこで記載すれば良い。もし所属が総合大学や単科大学ではないとき（たとえば，支援施設や私企業）であれば，所在地の市や州を明記すること。タイトル・ページの例は Box 3.2 を参照されたい。

　タイトル・ページにないものに注目して欲しい。論文執筆にあたってお世話になった人への謝辞の脚注は，通常はここには記載しない。また，研究のために受けた助成金の一覧などもない。連絡先住所やEメールアドレスもない。APA執筆要領では，これらをタイトル・ページには含まない。それらは論文の後のほうに記載することになっており，本章でも後ほど扱う。

　さあ，完璧なタイトル・ページを作成したら，今度は要旨のページのフォーマットづくりと準備に移ろう。

■要旨のページ

　論文の2ページ目の一番上（ヘッダーの下）に「概要」と中央揃えで書く。論文のタイトルを再度ここに記載しないこと。ダブル・スペース（タイトル・ページの最初で設定したので，ワープロが自動的に

---

[1]　Academy of Certified Social Workers（ACSW）は認定ソーシャルワーカーの要件を満たす者が加入できる全米ソーシャルワーカー協会が設立した会員制度。Academy of Certified Social Workers ウェブサイトより。https://www.socialworkers.org/Careers/Credentials-Certifications/Apply-for-NASW-Social-Work-Credentials/Academy-of-Certified-Social-Workers-ACSW

Box 3.2　タイトル・ページの例

DV 加害者への介入プログラム 1

欄外見出し：**全州レベルでの家庭で家庭内暴力（DV）加害者への**
介入制度を評価する

DV 加害者への介入制度におけるプログラム終了と再逮捕

ラリー・W・ベネット

イリノイ大学（シカゴ校）

チャールズ・ストゥープス

ドミニカ大学

クリスティン・コール

アーカンソー大学（リトルロック校）

ヘザー・フレット

私たちの生活を取り戻す会（イリノイ州シカゴ）

そうするはずである），左端寄せに設定し，要旨を書き出そう。要旨
の最初の行は字下げをしない。

　要旨は，論文のもっとも重要な部分かもしれない。論文そのものを

---

[2]　Licensed Clinical Social Worker（LCSW）は全米ソーシャルワーク教育協議会
　　（Council on Social Work Education: CSWE）によって認可されたプログラムでソー
　　シャルワーク修士（Master of Social Work: MSW）を取得後実践経験が 2 年以上あ
　　り，州ごとに実施される試験に合格した者。アメリカ・カナダのソーシャルワーク
　　資格を統括する Association of Social Work Board（ASWB）のウェブサイトより。
　　https://www.aswb.org/licensees/about-licensing-and-regulation/

読むよりもはるかに頻繁に読まれるだろうし，読者に論文の内容を伝えるための，学術誌と連携した要旨・索引提供サービスに再掲されるのだ。要旨は（APA 執筆要領によれば）通常，120 語以内と制限されており，あなたがどんな研究を，なぜ，どのように行い，何を発見したのか伝えきれないほど短い。以下が，実証的研究論文の要旨に含まれるべき項目である。

・調査した論点や課題
・参加者に関する情報。年齢，人種，ジェンダー，その他の関連のある特徴の一覧
・調査方法（相関調査，擬似実験，ランダムに管理された実験，多層ベースライン法など），介入，そして成果測定尺度
・統計的な有意性と効果の範囲を含む結果
・結論と実践への応用

　上記のリストは，APA 執筆マニュアルに記載されている例とは少し異なる。ソーシャルワークの調査は心理学的調査とは異なる性質を持っているためである（例えば，動物実験は行わないし，実験装置も滅多に使わない）。一部の学術誌は目的，方法，結果と結論など，3 つか 4 つの見出しを要旨で使うように要請しており，これらは要旨をとても読みやすくしてくれる。もしあなたが投稿しようと思っている学術誌がこれらを要求していなくても，使いたいと思うなら，取り入れてもいいだろう。要旨の例は Box 3.3 に示してあるが，見出しを使うことでいかに読者にとって読みやすくなるかがわかるだろう。
　要旨をきれいに整えたら，本文の準備に取りかかろう。ただし，執筆を始めるときではなく論文全体を書き終えてから要旨を作成する人もいる。

Box 3.3　見出し付きの要旨の例

目的：本稿では，DV の再逮捕者に DV 加害者への介入プログラム（BIP）を受けさせることによる効果を分析する。その際，州の標準基準（common set of state standards），共通のプログラム修了基準，そして集権化された刑事裁判監査を備えた都市部の 30 の BIP を対象とする。方法：DV で逮捕された，30 の BIP のどれかを受講した 899 人の男性が評価対象となった。受講修了から 2.4 年後に逮捕歴を検証し，操作変数法とロジスティック回帰分析により，DV による再逮捕をモデル化した。結果：DV による再逮捕者は，プログラム修了者では 14.3％，非修了者では 34.7％ だった。BIP を受けさせることは，再逮捕の確率を 39％ から 61％ 下げる。結論：本研究では，男性に特化した BIP に男性を参加させ続けることの有効性を示し，また，BIP 全体としてのシステムを分析する有効性を示した。

キーワード：暴力をふるわれた，家庭内暴力，刑事司法，介入。

出典：Bennett, Stoops, Call, & Flett（2007, p. 42）

■序　論

　原稿の 3 ページ目から本文を書き始める。原稿のタイトルをページの一番上に改めて書き，1 行あけたあと最初の段落を 1 字下げして，序論を書き出そう。導入部分の構成の仕方はいくつかある。研究の問題領域や論点を示すいくつかの段落を，論文のなかで言及している未解決の問いとともに書き記すのは，たいてい無難な書き出し方である。論文の序論部分は，概念のじょうごのようなものだと理解するとよい。広い概念から出発し，実践の一般的な領域を伝え，それをより特定の論点に絞り，研究の中で検証されるいくつかの仮説にまとめていく。例えば，下記のようにつなげていくことができる。

　一般的な領域：児童福祉

より特定の領域：児童虐待とネグレクト

より特定の領域：家族の再結合

より特定の領域：家族保護プログラム

研究の問い：フロリダ州子ども・家族省が提供している「家族の安全」プログラムは，家族の再結合を促進しているだろうか？

仮説：レオン郡で子ども・家族省の「家族の安全」プログラムに参加している子どもたちと家族は，通常の保護サービスを受けている子どもたちや家族に比べて，1年以内に家族再結合を果たす割合が非常に高い。

もしくは，下記のような事例もあげられる。

一般的な領域：DV

より特定の領域：男性による女性への殴打

より特定の領域：DV加害者への介入プログラム（BIP）

研究の問い：BIPを修了した男性は，それ以降暴力的でなくなるか？

仮説：レオン郡におけるBIPを無事修了した男性は，BIPをドロップアウトした男性と比べて，プログラムを終えてから24か月間のあいだに再逮捕されることが非常に少ない。

あるいは，下記もその事例である。

一般的な領域：慢性的精神病

より特定の領域：統合失調症

より特定の領域：心理社会的処遇

より特定の領域：精神障害者のための包括型地域生活支援プログラ

ム（ACT）[3]

研究の問い：ACTへの参加は再入院の機会を減少させるか？

仮説：レオン郡外来患者プログラムの参加者で，ACTプログラム
　　に登録したものは，同様の外来患者でACTを受けなかったもの
　　よりも2年間の再入院の確率が低い。

　こうした領域のそれぞれについて，1，2段落をかけて先行研究の
レビューを行えばよい。問題の普及やコストに関して，国際的，全国
的もしくは州レベルの統計を含めることを検討しよう。あなたの研究
している課題が社会的に重要であり，社会科学の古臭い研究者だけが
関心を持つ些細な出来事ではないという，確固とした証拠を示すのは
重要である。そして同時に，ソーシャルワーカーがどのようにこの問
題に取り組んできたか論じながら，これまでのその問題への介入につ
いての概観を述べよう。こうすることで，研究の独自性や，地方／州
／全国レベルのサービスの評価がいかに必要であるかを示すことにも
つながる。テーマの特徴によっては（全ての研究が「問題」を扱うわ
けではないので），既存の実証研究か理論的著作，あるいはその両方
に焦点を当てるのもいいかもしれない。先行研究がたくさんあるよ
うであれば，一番古く出版されたものについて述べ，その次に古い
もの，と最新のものまで時系列的に整理するといい。先行研究のレ
ビューにより，今までの研究で見落とされていた部分や，あまり研究

---

[3]　精神障害者のための包括型地域生活支援プログラム（Assertive Community
Treatment）。アメリカ・ウィスコンシン州マディソン市で，州立病院の閉鎖によ
り，重症な精神障害者の地域ケアのためのモデルとして開発された。ACTは，精
神障害者に対して精神医療と福祉の専門家や当事者スタッフからなる他職種チーム
が，24時間週7日対応の訪問によるサービスで地域生活を包括的に支援するプログ
ラムである。参考文献　高木俊介（2019）『ACT-Kの挑戦［増補新版］：ACTがひ
らく精神医療・福祉の未来』，批評社

されていない分野が明らかになるだろう。おそらく，看護師によって心理社会的介入が開発され，成功裏に適用されているかもしれないが，それはソーシャルワーカーによってこれまで検証されておらず，したがって研究の価値があるといえるかもしれない。おそらく，個々のクライエントに適用されたときには有効なトリートメント（処遇）であっても，それが集団に適用されたときの効果については（これまでのところ！）検証されていない（それゆえ，研究する価値があるといえる）。序論では，検討される課題についての適切な理解を読者に与え，先行研究との関連の中で自分の研究を位置づけ，トリートメント（処遇）や論点について既知の知見に加えて何を提供しようとするのかを示さなければならない。

　既存の研究や理論から導きだされる，ひとつないし複数の固有な方向性を示した仮説を提示することで序論を締めくくるのを強く勧める。仮説が固有な方向性をもつものであればあるほど，その仮説を検証して反証することが可能である。本当にいい仮説というものはこの2つの特徴を兼ね備えているものである。曖昧な言葉づかいによる仮説は，確証もしくは反証するのが難しいものである。いい仮説のない経験的研究，もしくは介入的研究には，重大な欠陥がともなう。予備的，記述的もしくは質的調査の論文に取り組んでいるのであれば，仮説はそれほど重要なものではないかもしれない。研究において使用するそれぞれの成果測定尺度（従属変数）について，別々の仮説を用意しておくのもいいだろう。臨床での聞き取りにおいてダブル・バーレルの質問を避けるように，ダブル・バーレルの仮説——変数間の関係性を2つ以上予測する仮説——は避けるべきである。多変量の関係に関して適切な手続きをふんで調査している場合は，もちろん例外である。こうした仮説を作成するにあたっては，既存の実証研究と理論を参照し，予測を行わなければならない。これは，まとまりのない思考

の結果，曖昧な言葉使いでダブル・バーレルの仮説を提案するのとは全く異なる作業である。

　それと関連して，調査を計画している段階で，評価しようと思っている項目が準備している2つ以上の仮説に直接当てはまらなければ，それを調査計画から除くことも検討しよう。こうすることで，目的もなしに情報を発見するためだけに行われた研究であるという印象をなくすことができる。仮説とは何か，ということをここで確認しておこう。

　　仮説とは，理論が正確であれば，現実世界の中で観察されるべきものごとを予測するものである。それは，あるものごとの変化が別のものごとの変化をどのように説明できるかということについての，仮の検証可能な所説である……。仮説が予測するものごとを，変数と呼ぶ……。大半の仮説は，どの変数が別のどの変数に影響を及ぼすのかを予測する。言い方を変えれば，何が原因であり，何が結果であるのかということである（Rubin and Babbie, 2007, p. 49）。

　　指向性のある仮説（「より良い」，「より悪い」，「より少ない」，「より多い」）の方が反証の余地が大きいため，より科学的に意味があるものの，非指向的な仮説（もっと単純に，変数間の変化または差異を予測するもの）でも構わない。下記が良い仮説の事例である。

　　コールバーグの道徳的推論テストの平均値で比べると，ソーシャルワーク学士号を取得したソーシャルワーク修士課程の学生はリベラルアーツの学士号を取得したソーシャルワーク修士課程の学生に比べて，脱慣習的道徳的推論を好む統計的に有意な（p<.05）傾向がある。

　この仮説はある特定の指向に沿った，統計的に有意な変化を含む差異を予測している。参加者の集団と変数に言及しており，また因果関

係を含意している。

　BIP プログラムの修了者は，BIP プログラムを中途でやめたクライエントよりも，プログラム修了 2 年以内では統計的に有意な（p<.05）低再逮捕率を示している。

　GRE の合計スコアとソーシャルワーク修士課程受験者の出身家庭の年収は，ピアソンの積率相関係数で＋.40 を超えている。

　逆に，言葉足らずの仮説とは下記のようなものである。

「精神療法を受けている患者は変化する」
「LCSW 試験の成績結果は伝統的なソーシャルワーク修士号取得者と
　　振替認定したソーシャルワーク修士号取得者では異なる」
「共和党員と民主党員は，年間に慈善事業に寄付する金額が異なる」
「ミシシッピの東岸に住む人と西岸に住む人では，体重の増え方が異
　なる」

　これらの仮説が問題なのは，どんな方向性のいかなる差異や変化も，その大小や統計的に有意か否かにかかわらず，支持されてしまうからである。

　理論について一言。もしあなたの研究プロジェクトが堅実な先行理論体系と結びつけられているのであれば，先行研究のレビューによってそうした文献を分析し要約しなければならない。もしあなたの仮説が既存の理論をもとに正当化されたものであれば，それを適切に明示し，続く本論の部分で，あなたの調査結果が先行理論に対してどのような含意をもつのかを説明しなければならない。しかし，もしあなたの研究が確立された理論にそのまま基づいたものでなければ，関連する理論のレビューや，あなたの調査結果がその確立された理論に与え

る影響を明示しなくとも，全く問題ない（Thyer, 2001 を参照）。探索的もしくは記述的研究の一部や，革新的なプログラムもしくは診療的サービスの評価の大部分を含む多くの研究プロジェクトは，行動科学もしくは社会科学の理論に基づくものではない。それでも，これらの研究は完全に正当で，貴重な学術的貢献をなしうるものである。ルビンとバビーは下記のように述べている。

> しかし，貴重なソーシャルワーク研究には，理論を含まないものもある。……理論的ではない研究には，説明しようとするのではなく，何かを描写しようとするものもあるかもしれない。（Rubin and Babbie, 2007, p. 49）

■方　法

その次にくる研究論文の主要な節では，その研究プロジェクトにおいて何をしたのかということを具体的に記述する。水準1の見出しで「方法」を挿入し，そして水準2の見出しをつけよう。多くの場合，ここは「クライエント」となる。より平等主義的な単語である「参加者」を使う著者もいる。どちらでも問題ない。「被験者」という言葉を使うことは適切ではないのがふつうである。ソーシャルワーカーのほとんど全ての調査では，患者，時には学生，もしくは他のソーシャルワーカーが対象となっている。こうした集団を含まない基礎科学的調査も，ごくまれにではあるが実施されるが，その場合には，より一般的な用語である「被験者」がふさわしいかもしれない。

この節では，どのようにしてクライエントのサンプルを得たのか，そしてまたそれをいつからいつまでに得たのか（例えば，2008年1月1日から6月30日など）を説明しなければならない。もし，完全なランダム・サンプリングを行ったのであれば，どのようにして実施し，

どのようにクライエントに接触し，そしてどのようにインフォーム
ド・コンセントを得たのか言及しよう。もし，事情により完全なラン
ダム・サンプリングを断念せざるを得なかったのであれば（ほとんど
の場合がこちらである。全ての人がクライエントとしての参加要請を引
き受けることはないからである），何人に接触し，そのうち何名が承諾
して何名が拒否したのか，最終的に承諾した参加者の割合を示そう。
また，所属する組織の倫理審査委員会（IRB）[4]の承認を受けたかどう
かも述べる必要がある。全てのソーシャルワークの調査が IRB の所
見を必要とするわけではないが，ソーシャルワーク研究者や学生によ
る，生身の人間を対象とした調査の大半は IRB の評価と承認（もし
くは正式な免除）が必要となる。IRB の承認を申請しなかった正当な
理由があるのであれば，それを明記し，きちんと状況を伝えよう。し
かし，この問題を無視してはいけない。

　クライエントの選定においてランダム・サンプリングを使えなかっ
たのであれば，どのようにサンプルを選んだのかを説明しよう。便
宜的サンプルであれば，どこで知り合い，どのようにして選定したの
か？　雪だるま式サンプリングを使用したのであれば，最初の参加者
をどのようにして特定し，その人物は何に基づいて次の参加者を特定
したのか？　一般的にいって，この節では読者があなたの採用したサ
ンプリングの方法を繰り返すことができるように，十分な情報を与え
ることができれば良い。

　また，方法について述べたこの節において，「施設の状況」という
下部項目を立てたいと思う人もいるかもしれない。特定の施設で調

---

[4] Institutional Review Board：IRB は，日本の医学領域では，治験審査委員会と呼
　ばれることもある。日本のソーシャルワーク研究領域では，所属する大学内の倫理
　委員会がその役割を担う。近年では調査の前に倫理委員会の承認を得てから調査を
　実施することが一般的となってきた。

査を行った場合，そしてその施設がその事実の公表を許可している場合，ぜひ明記しよう。施設の所在地と名称を伏せる理由（たとえば，そうした情報の公開をその施設が許可しない場合など）がとくになければ，「この調査はフロリダ州タラハシーのレオン郡コミュニティ・メンタル・ヘルス・センターにおいて行った」などと記述しよう。施設の所在地を隠さなければならない正当な理由があるときもある。調査の結果がその施設にとって不名誉であったり，都合が悪かったりする場合，一部のクライエントの名前がわかってしまう可能性がある場合，あるいは，施設に対して名前を公表しないと約束した場合である。そのような理由がなければ，施設の主な特徴を挙げておこう。公営か私営か，営利組織か非営利組織か，誰の資金援助を受けているか，施設の使命や目的，スタッフや，クライエントの数，受けている資金助成の数などである。

■調査デザイン

この節は通常，短くて構わない。正式な，名前のついた調査デザインを使用した場合は，その名前を明記し，それが法則定立的デザインである場合は，Rubin and Babbie（2007）や Royse, Thyer, Padgett, and Logan（2006）などの調査法の教科書にあるような概要図も含めよう。例えば，単純な検定前－検定後の集団デザインは $O_1 \, X \, O_2$ と省略される。また，検定前－検定後，トリートメント（処遇）なし，ランダム化された，統制された集団デザインは下記のように図式化される。

$$R \qquad O_1 \quad X \quad O_2$$
$$R \qquad\qquad O_1 \quad O_2$$

ここでは，Ｒはこの集団がランダム・サンプリングによって作られたこと，Ｏは観察もしくは評価の期間を表し，Ｘはトリートメント（処遇）を受けることを指している。こうした図式を挿入することは，特に複雑なデザインが使用されている際，読者にとっては非常に便利であることが多い。シングル・システム調査の場合はもちろん，データを表すためのグラフに計画が明示され，記述的もしくは相関関係的調査のようなアプローチでは正式なデザインがまったくないこともある。

■ソーシャルワークによる介入

　この節は「独立変数」と名付けることもできるが，あいまいさを回避するため，私は「介入」もしくは（もし成果研究を執筆しているのなら）「トリートメント（処遇）」と呼びたい。この節では，クライエントが受けてきたさまざまなトリートメント（処遇）の状況について論じなければならない。通常，研究対象である一つの介入は実験的トリートメント（処遇）と呼ばれる。これは試験中の新たなアプローチであることもある。もし別のグループのクライエントが何もトリートメント（処遇）を受けていないのなら，それもひとつの状況であり，無治療トリートメント（処遇）対照群と呼ばれる。クライエントは比較のため，「通常治療トリートメント（処遇）（TAU）」もしくは標準的ケアを受けることもある。まれに，プラセボ介入を受ける場合もある。これは一般に思われるほど異常なことではない。20年前，LeCroy（1985）はソーシャルワーク実践の21の成果研究をレビューし，そのうち9つでソーシャルワークのクライエントがプラセボ対照群となっていたと述べている。ソーシャルワーク成果研究におけるプラセボ対照群の利用については，Blenkner（1962）も参照されたい。

　介入について論じる際に，3つの選択肢が存在する。第一に，そしておそらく科学的に最も信頼できるものは，介入の詳細を十分に記

新曜社 新刊の御案内

Dec.2020〜Feb.2021

■新刊

金菱清編／東北学院大学震災の記録プロジェクト

永訣　あの日のわたしへ手紙をつづる

「拝啓　あの日の私へ。どうかこの手紙が届きますように」東日本大震災と原発被害から十年、被災者一人一人が記憶を呼び覚まし、声なき声の言葉を紡いだ31編を収録。『3・11慟哭の記録』『悲愛』に続く震災の記録プロジェクトの手記集三部作、反響多数。

ISBN978-4-7885-1705-9　四六判 224 頁・本体 2200 円＋税

牧野陽子

ラフカディオ・ハーンと日本の近代　日本人の〈心〉をみつめて

ハーン＝小泉八雲が見つめつづけたものを，ウィリアム・グリフィス，イザベラ・バード，キャサリン・サンソム，さらには柳田國男，柳宗悦，芥川龍之介，林芙美子など，幾多の視線が交錯するなかに浮かび上がらせる。

ISBN978-4-7885-1700-4　四六判 392 頁・本体 3600 円＋税

渥美公秀・石塚裕子 編

誰もが〈助かる〉社会　まちづくりに織り込む防災・減災

災害時の「助ける−助けられる」関係は責任の所在や役割の明確化を迫り，活動の複雑化と一部への負担増を生む。本書はまちづくりに防災・減災を織り込むことで発想を転換。誰もが「あぁ，助かった」といえる社会をつくるための実践ガイドと事例集。

ISBN978-4-7885-1712-7　Ａ5判 164 頁・本体 1800 円＋税

山口 誠・須永和博・鈴木涼太郎

観光のレッスン　ツーリズム・リテラシー入門

観光とは誰がどのように行なっても同じ経験となるような活動ではない。観光とは観ることであり，観ることは自由へのパスポートであることを最大限に伝え，「好奇心を原動力とする学問としての観光」を実現する画期的なツーリズムの入門書。

ISBN978-4-7885-1706-6　四六判 194 頁・本体 1400 円＋税

澤井繁男

カンパネッラの企て　神が孵化するとき

『太陽の都市』で知られるカンパネッラは，自然をありのままに見つめる「自然魔術師」の一人で，ガリレオとも交流したが，彼の科学的思考に同意できず，アニミズムの自然観を維持した。ルネサンスの時代を奔放に生きた特異な思想家の今日的意味に迫る。

ISBN978-4-7885-1704-2　四六判288頁・本体3800円＋税

坂口由佳

自傷行為への学校での対応　援助者と当事者の語りから考える

中高生にとって自傷行為はすでに身近なものだが，自殺につながる危険があり，学校では対応に苦慮することが多い。本書は援助者である教師と当事者である生徒双方の豊かな語りの分析から，望ましい対応の在り方，期待される学校の体制を探る。

ISBN978-4-7885-1711-0　A5判280頁・本体3600円＋税

J.ヘンデン／河合祐子・松本由起子　訳

自殺をとめる解決志向アプローチ　最初の10分間で希望を見いだす方法

深い絶望のなかにいるクライエントが，シンプルだが考え抜かれた質問によって解決の道を歩みだす──。初回セッションの最初の10分間をどう構築するかが自殺予防の鍵を握ると説く著者が，希望を見いだし生かす方法を事例とともに丁寧に解説。

ISBN978-4-7885-1702-8　A5判288頁・本体4300円＋税

園部友里恵

インプロがひらく〈老い〉の創造性　「くるる即興劇団」の実践

〈老い〉こその人との関わり方や表現がある。高齢者たちが舞台に立って即興で物語を紡いでいくインプロ実践集団「くるる即興劇団」。そこで繰り広げられる多彩なパフォーマンスがもたらした，〈老い〉への向き合い方の変化と豊かな創造性への気づき。

ISBN978-4-7885-1708-0　四六判184頁・本体1800円＋税

T.R.デュデク＆C.マクルアー　編／絹川友梨　監訳

応用インプロの挑戦　医療・教育・ビジネスを変える即興の力

企業や医療，教育，NPO等の研修やワークショップで，遊び心を発揮しながらリーダーシップのとり方や創造的な関わりあいを体得する，演劇を応用したインプロが日本でも取り入れられ，実践されている。その考え方と実際の進め方，勘所を懇切に解説。

ISBN978-4-7885-1701-1　A5判232頁・本体2500円＋税

■哲学・思想・医療 ────────────────

國分功一郎・熊谷晋一郎　　　　　　　　　　　　　　たちまち3刷!

〈責任〉の生成　中動態と当事者研究

互いの研究への深い共鳴と10年にわたる議論／共同研究が，我々
の堕落した〈責 任〉概念を刷新し，新たな日常へと架橋する。
ISBN978-4-7885-1690-8　四六判変形432頁・本体2000円＋税

S.リヒター／小林敏明 編訳

闘う日本学　消費文化・ロスジェネ・プレカリ化の果てに

ドイツの日本学者による〈ポスト戦後〉の政治社会学論集。消費
とポピュラー文化を跡づけ，思想史の地平から危機をあぶり出す。
ISBN978-4-7885-1686-1　四六判248頁・本体2500円＋税

前田泰樹・西村ユミ

急性期病院のエスノグラフィー　協働実践としての看護

急性期の現場で看護師たちは何を見聞し，考え，報告しあうのか。
看護を協働によって円滑に成し遂げる方法論を見出す記録集。
ISBN978-4-7885-1681-6　Ａ５判196頁・本体2100円＋税

■文学・民俗学・言語 ────────────────

日比嘉高

プライヴァシーの誕生　モデル小説のトラブル史

藤村『春』，三島『宴のあと』から柳『石に泳ぐ魚』まで，プライ
ヴァシー概念の成立を「表現の自由」との相克のなかに辿る。
ISBN978-4-7885-1685-4　四六判308頁・本体2900円＋税

堀井一摩

国民国家と不気味なもの　日露戦後文学の〈うち〉なる他者像

桜井忠温『肉弾』，漱石『心』，大逆事件などをめぐる日露戦前後
の文学を題材に，国民化の圧力と不気味なものの噴出を活写する。
ISBN978-4-7885-1678-6　四六判408頁・本体3800円＋税

小倉孝誠 編著

ワードマップ 世界文学へのいざない　危機の時代に何を,どう読むか

文学は常に危機のなかにあった。近代200年の世界文学の豊穣の
森に分け入り，危機を生きる人間の知恵とエネルギーを享受する。
ISBN978-4-7885-1683-0　四六判328頁・本体2700円＋税

熊谷高幸

「自分カメラ」の日本語「観客カメラ」の英語　英文法のコアをつかむ

なぜ「いま行きます」が "I'm coming." になるのか？　日本語と
英語の根本的な違いの理由が納得できる，究極の英語再入門！
ISBN978-4-7885-1666-3　四六判232頁・本体2200円＋税

F.ニューマン・L.ホルツマン／伊藤 崇・川俣智路 訳

革命のヴィゴツキー　もうひとつの「発達の最近接領域」理論

日常の場で，自分でありながらそうでない存在になる「パフォーマンス」がもたらす革命性とは？　その理論・方法と可能性。
ISBN978-4-7885-1684-7　四六判 452 頁・本体 3600 円＋税

Y.エンゲストローム／山住勝広 訳

拡張による学習 完訳増補版　発達研究への活動理論からのアプローチ

部分訳だった『拡張による学習』待望の完全訳。さらに原著者による拡張的学習の理論と実践，成果についての解説が加えられた。
ISBN978-4-7885-1670-0　Ａ５判 464 頁・本体 4800 円＋税

内田由紀子

これからの幸福について　文化的幸福観のすすめ

ポスト・グローバル社会における，幸福な個人・社会とは。文化心理学の視点から，ミレニアム以降の研究知見を総括，提言。
ISBN978-4-7885-1679-3　四六判 192 頁・本体 2200 円＋税

重野 純　　　　　　　　　　　　　　　　　　　　　　　**好評重版！**

本心は顔より声に出る　感情表出と日本人

本当の感情をごまかすのは顔か声か。ストレートに表現する欧米人との比較からみる，日本人のコミュニケーションと感情世界。
ISBN978-4-7885-1691-5　四六判 184 頁・本体 1900 円＋税

櫻井茂男

思いやりの力　共感と心の健康

死ぬときに幸せだったと思えるには？　ともすれば利己的な心に思いやりはどう育つのか？　心理学の成果をわかりやすく解説。
ISBN978-4-7885-1692-2　四六判 208 頁・本体 2200 円＋税

松本光太郎

老いと外出　移動をめぐる心理生態学

老いは若い時間の延長ではない。独特な心理的時間を生きている。特養居住の高齢者に同行するなかで見えてきた，新しい人生段階。
ISBN978-4-7885-1693-9　四六判 336 頁・本体 2800 円＋税

やまだようこ著作集 第4巻

質的モデル生成法　質的研究の理論と方法

質的心理学は，ものの見方と方法論の革命である——質的研究を切り開き発展しつづける，著者の斬新な理論と方法論を一望。
ISBN978-4-7885-1697-7　Ａ５判 384 頁・本体 3900 円＋税

述し，経験のある読者があなたの実践の必要不可欠な，もしくは重要な要素を別の施設や調査研究において再現できるようにすることである。これは，多くのソーシャルワークによる介入のあいまいさや，社会的ケアの複雑さから可能ではないかもしれない。また研究論文の分量に限りがある場合，特に学術誌が投稿原稿の枚数を制限している場合には困難である。

　第二の選択肢は，研究実施計画書のかたちで広く利用されている介入を用いることである。実践のガイドライン，治療アルゴリズムやトリートメント（処遇）マニュアルであったり，または学術雑誌や書籍その他（連邦機関のウェブサイトなど）に公表されているものである。この場合，2つか3つの段落を費やして何がなされたのかを説明し，読者に対してより長い既存の参考文献を示して，ソーシャルワーカーがそのプロトコルに従ったことを記載すれば良い。こうしたトリートメント（処遇）マニュアルや実践ガイドラインは，ソーシャルワークのクライエントであるたくさんの精神障がい者を支援するなどの目的のため，どんどん公表されるようになっている（Howard & Jenson, 1999; LeCroy, 1994 を参照のこと）。

　第三に，最も科学的な正当性が低く，しかし，その施設の事情に合致した現実的なソーシャルワークのサービスを評価するために非常に多く使われている方法は，他者がそのサービスを再現するには不十分であると知りつつも，介入をできるだけ詳しく形容するというものである。この場合，あなたの成果研究は適切な手続きを経た再現可能な介入の検証という形を取らないこともある。むしろ，その研究は通常の診療的処置や実験的介入に関するものであり，記載の内容をトリートメント（処遇）プロトコルと見なすべきではないということを誠実かつ率直に認めよう。施設で実施されている通常のサービスについて評価することは，科学的に理想の環境ではないかもしれないが，価値

のある立派な研究であるということを念頭においてほしい。こうした研究は，明らかに役に立っているが曖昧に特定されたトリートメント（処遇）をより詳細に分析し調査するための足掛かりとなり，今後の研究で再現可能な方法で重要な要素が効果的に特定される手助けとなる。実際の施設で実施されるプログラム評価は，その性質上，クライエントの非代表性や再現不可能な独立変数（トリートメント（処遇））のため，それほど一般化できる結果ではないかもしれない。それでも，そのプログラムのサービスが役に立っているのかどうかを知るのは重要であるし，そうした結果は刊行することができるだろう。

　真に厳しく管理された成果研究では，トリートメント（処遇）を録音もしくは録画し，独立変数（トリートメント（処遇））の一貫性を管理する。録音／録画テープは匿名の独立した専門臨床家によって評価され，トリートメント（処遇）Aを提供するべきトリートメント（処遇）者が本当にそれを提供しており，トリートメント（処遇）Bやその他のアプローチをとっていないということを確認する。もしこれらの外部臨床専門家が，トリートメント（処遇）Aを受けるべきクライエントが設定された条件Aでトリートメント（処遇）を受けており，トリートメント（処遇）Bを受けるべきクライエントがトリートメント（処遇）Bを受けていると独立に認定した場合，トリートメント（処遇）の適合度という点で大きな一歩を踏み出したということができる。

　別の方法としては，クライエントに自分が受けたトリートメント（処遇）への「信用」すなわち信頼しているかどうかを評価してもらうことである。トリートメント（処遇）Aとトリートメント（処遇）Bの試験的な比較は，AとBがクライエントにもたらす信憑性，信頼，積極的な期待やプラセボ影響などの要素が同等であってはじめて公平な試験となる。信用を評価することは，トリートメント（処遇）AとBのあいだの相違が，AとBを区別すると予想される機能して

いる特定の要素に基づくものであり，プラセボ型の信用による相違ではないということを確認する。もし A が信頼できるトリートメント（処遇）であり，B がそうでないとすれば，A と B のあいだの真の差異効果にかかわらず，A と B はその信頼性のレベルで差がついてしまうということになる。きちんと計画された精神療法の成果研究では，トリートメント（処遇）の最後に，トリートメント（処遇）が信用できるものであったかどうか，クライエントの抱いた信頼度を体系的に評価している。もしその集団が同等の信頼性（confidence）や信用性（credibility）を示していれば，特定されていない影響も統制されたと考えられる。

　論文のこの節は，実践者（実際にクライエントにサービスを提供する人）について報告するのにも適している。年齢，人種，ジェンダー，学位と研究分野（ソーシャルワーク，心理，看護，結婚と家族療法など），もしあれば実験的トリートメント（処遇）に際して受けた特別な訓練，診療経験の年数などの基本的なさまざまな情報がここで記述される。また，異なるトリートメント（処遇）集団のクライエントにサービスを提供するソーシャルワーカーが，上記のさまざまな属性やトリートメント（処遇）経験において同等であることが示せれば，さらに手堅い。実験的トリートメント（処遇）集団にサービスを提供しているソーシャルワーカーの方が，TAU 集団にサービスを提供しているソーシャルワーカーよりも経験年数が多い場合などのように，両者が同等ではない場合，実験的トリートメント（処遇）と TAU の間の比較は信用性が少なくなる。もしこうしたことがすでに起きてしまって，あとからそのことがわかった場合でも，研究が全く無駄になるわけではない。例えば，トリートメント（処遇）後の成果を集団ごとに評価する際に，トリートメント（処遇）をする人の違いという要因を，トリートメント（処遇）前における違いを統計的に統

制する分散分析の方法である共分散分析で利用することができる。しかし，実験における失敗を事後の統計的統制で補うことは，十分な計画によってこうした要素を事前に統制するよりも常に劣ることを念頭に置いておこう。実のところ，トリートメント（処遇）の前にこうしたチェックをすることにより，トリートメント（処遇）後に統計的に処理せずに，事実（例：この要因が集団間で平等になるように，より経験があるソーシャルワーカーに改めて役目を割り振る）を統制することができるのだ。

■成果測定尺度

　この項目は「従属変数」と呼ぶこともできるが，特に成果研究について論じているのであれば，「成果測定尺度」の方がより情報価値が高い見出しであると思う。研究で使用した全ての成果測定尺度をここで明確に列挙しなければならない。理想的には，以前に出版されたことのある測定尺度で，信頼性と妥当性の確立したものであることが望ましい。それらの名称（例：ベックうつ病調査票や簡易精神医学的評価尺度）を明記し，その尺度の心理測定上の特性をより広範囲に記した先行研究を一つか二つ，示しておくといいだろう。*Measures for Clinical Practice and Research: A Sourcebook*（Fischer & Corcoran, 2007）は，ソーシャルワーク研究者がよく引用するが，これは二次文献であり，より一次文献に近い学術誌や編著論文，著書から引用する方が良い。一部の測定尺度は政府の報告書やウェブサイトなどから利用できる，公共のものとなっている。

　成果測定尺度が信頼性と妥当性の確立したものであっても，それは標準的な集団，もしくはあなたの研究とは異なる集団のクライエントのサンプルから確立されたものであることがしばしばである。これは特に，白人系の人々の例を使って標準化された測定尺度を，マイノリ

ティの人々に対して適用した際に問題となる。または，もともと英語で標準化されたものを，英語のネイティブ・スピーカーではないクライエントに適用した場合も問題である。こうした差異が存在するなら，読者に注で注意を促そう。

あまり知られていないが，以前に出版され，妥当性の確認されている測定尺度は，より詳細な説明と一次文献の引用が求められるかもしれない。通常は，（あなたが博士論文で行ったであろうような）議論の俎上に上っている測定尺度に関する全ての文献を論じる包括的な先行研究のレビューをする必要はない。測定尺度に信頼性と妥当性があり，論文でやろうとしている構成概念を評価するために適切な選択であると読者を説得できるのに十分な情報を提供することが目標である。

もし，今回の研究のため，成果測定尺度を自分で作り出した際には，問題が発生する可能性がある。もし可能であれば，できるだけこれは避けた方が望ましい。あなたが測定尺度で分析したいと思う多くの構成概念には，すでに開発され公刊された計測方法があり，ふさわしい測定尺度がすでにある可能性が大きい。自分の測定尺度を創りだす前に，必ず関連する先行研究を手広く調べ，適したものが存在していないか確認しよう。新しい測定方法を作り出すのは経験の浅い研究者である場合が多く，既存の測定尺度が利用できるにもかかわらず，信頼性と妥当性について予備分析を行ってしまうこともある。匿名の論文査読者はこうした点を喜んで指摘し，あなたを失望させることになるだろう。

新しい測定尺度は，それが妥当と証明されない限り，信頼性が要求されるソーシャルワーク調査研究において安易に発明して使用することはできない。成果測定尺度をデザインして妥当性を証明することと，その測定尺度を用いて別の調査プロジェクトをデザインして実施することを同時に行うことは非常に困難である。もし本当に新しい測

定尺度を創り出すことが必要であるのなら，その信頼性と妥当性について別の論考を書き，それを別の論文として投稿する方が望ましい。そのうえで，その測定尺度を用いた別の研究プロジェクトを計画して執筆し，以前に提出した妥当性に関する研究を引用すれば良い。先に書いた論文が査読中もしくは印刷中であっても，引用して差し支えない。Springer, Abell, and Hudson（2002）と Springer, Abell, and Nugent（2002）は，評価の計測方法を開発したいと思うソーシャルワーカーにとっての良い参考書である。こうした実践は，往々にしてそれ自体が博士論文を執筆するのと変わらないほどの労力を要する。

■結　果

　この節では，まず調査に実際に参加したクライエントの主な特徴を記述することから始めよう。もし異なる条件下でサービスを受けたなら，あるいは自然に異なる条件が発生してしまったら（例：即座にトリートメント（処遇）を受けたクライエントと，順番待ちのリストでしばらく待ったクライエント，個人でトリートメント（処遇）を受けたクライエントとグループ・セラピーを受けたクライエント，ソーシャルワーク修士号を持つ実践者からトリートメント（処遇）を受けたクライエントと，ソーシャルワーク学士号を持つ実践者からトリートメント（処遇）を受けたクライエント），各集団の特徴をそれぞれ記載しよう。この場合，全てのクライエントを総合して再度特徴を記載する必要はない。最低限，年齢や人種，ジェンダー，エスニックな背景，社会経済的地位などの個別情報をわかる限り含めよう。合理的に考えて，あまり関係のない情報は含めなくて良い（クライエントの星座など）。名義尺度と順序尺度の頻度と割合を記述し，比率尺度と間隔尺度の数値，平均，標準偏差を記述する。N値や標準偏差を記述せずに平均値だけ述べたり，対応するN値を示さずに割合だけ記し

てはいけない。

　次に，（序論部で最後に示した）最初の仮説を再び記し，そのあとにこの仮説を直接確証または反証するデータを記述するのを勧める。もしこの仮説を一つ以上の測定尺度で検証したのであれば，最初の測定尺度の結果を全体的に示し，そのあとに二つ目以降の測定尺度の結果を示すと良い。データから得られた第一の仮説を支持する（もしくは反証する）結論をできるだけ明確に述べよう。この方法を第二の仮説，第三の仮説と繰り返すといい。主張は大げさになりすぎないようにしよう。もし仮説が予測した通りの結果が出たなら，仮説の依拠した理論は支持された，もしくは確認されたと主張しよう。ある理論が証明された，もしくは実証されたと主張するのにふさわしい場合は，非常にまれである。反対に，もし仮説で予測したような結果にいたらない場合は，理論が弱められた，もしくは誤りであると主張できる。面白いことに，科学的調査では，ある理論が間違っていると指摘する方が，ある理論が真実である，もしくは実証されたというよりも簡単である。よくデザインされた研究から得られた，誤りを示す結果というものは，ある理論が間違いであることを決定づけるが，ある研究を立証する結果のほうは，あくまでもその調査が依拠した理論のみを支持するだけではなく，同じことを予測しているその他全ての理論を強化するのである。ソーシャルワーク調査研究の結果が理論Aによってのみ予測できるというのは非常にまれであり，同時に理論B，C，Dなどによっても予測されている場合がほとんどである。

　推測的検定を利用して得られた統計的に有意な差異のある結果を記述する際には，その検定の名称（例：t, F, χ^2），その検定の自由度，実際の検定係数，α レベル（例：p<.05 よりも p=.04）に加えて，効果量か因子寄与率（PVE），もしくは独立変数（トリートメント（処遇））が潜在的に説明しているものを記述しなければならない。一般的なガ

イダンスは APA 執筆要領に掲載されており（APA, 2001, pp. 25-26），より込み入った説明は Hudson, Thyer and Stocks（1985）や Snyder and Lawson（1993），Thompson（1999）などに示されている。基本的に，t 検定や分散分析など伝統的な推測的検定では，2 つの変数の差異が偶然に生じているのかそうではないのかのみ報告すれば良い。これらの検定では信頼できる差異の量もしくは重要性については計測できず，効果量もしくは PVE の報告がそれを補う。推測的検定に関連して十分な情報が報告されていれば，効果量の測定は容易である。こうした理由もあり，すべての平均の記述には数値と標準偏差を，割合を記述するときには N 値を含める。こうした情報を提供することにより，統計的に信頼できる（たとえば，偶然そうなったという可能性が低い）効果を開示することができるが，これは成果測定尺度全体には些細な影響しか与えない。こうして透明性を高めることにより，統計的な保守性を促進し，伝統的な意味での統計的有意のみに基づいて誇張した主張をしてしまいがちな傾向を和らげることにつながる。

　もうひとつの保守的な（ということは望ましい）実践は，調査前に予想される検定力分析の結果を記述することである。これらは，サンプル数を正当化するために利用することができる。もし統計的に有意な差異が得られなければ，結果を述べる節で事前に行った検定力分析を公開することにより，読者は統計的に有意な成果を得るためにはどの程度のサンプル数が必要だったのかを確認することができる。率直に言えば，ソーシャルワーク研究者のサンプル数を増やすことは，たとえば，学部生を相手に実験を行う心理学者よりも難しい。私たちの研究は通常，ある施設に依拠してその時々の便宜でクライエントのサンプルを得ているのであり，その数を変えることには限界がある。自分たちの研究が十分な統計上の検定力を持つために，より多くの虐待された子供，レイプ被害者，重度の精神病患者が現れることを願うこ

とは，単純に言ってできないのである。

　結果の節で，自分が立証したい特定の仮説に関してのみデータを公開するのは節約のしすぎというものである。時には，自分の仮説とほとんど関係なくても，興味深い，予想できなかった全ての知見を書きたいと思うものである。しかし，これは避けたほうがいい。統計的に有意な結果は，複数の検定や相関関係によって得られやすくなるものである。もし複数の変数間の相関関係を調べたり，たくさんのそれぞれ別個のt検定やカイ二乗検定を利用してグループ内やグループ間の差異を調べ始めた時，行きあたりばったりでも予期せぬ興味深い知見が得られ・・ないことの方が驚きである。例えば，もしp<.05をαレベルとして使用し，100回の実験を行えば（10か11の変数の相関関係を見れば，難しいことではない），確率的にいって5つの統計的に有意な相関関係を得られる見込みがある。それだけたくさんの機会があれば，当然である！　20回のt検定を実践し，そのうちのひとつが統計的に有意であると出ても，喜び過ぎないように。p<.05では，20の検定のうちひとつは有意であると予測されている。また，サンプル数が多ければ多いほど，あなたが見つけたわずかな差異が「統計的に有意である」と出る可能性も高くなる。しかし，信頼できる差異（統計学的な意味で有意な差異）と，重要な差異（通常の意味で意義があるもの）を混同してはいけない。

　複数の検定を行う場合，αレベルは検定を行う回数を考慮して調整する必要がある。よくあるやり方はボンフェローニ不等式，別名ダンの多重比較検定として知られるものである。いつもの臨界のαレベル，たとえば.05を，実施する検定の数で割ってみよう。t検定を2回実施するのであれば，通常使うt表の代わりに，確実を期すために使うαレベルは.05/2もしくは.025となる。言い換えればボンフェローニ相関の使用は，統計的に有意な差異を得たとあなたが主張す

るのをより難しくする。もし 10 の検定を実施するのであれば，ボンフェローニ調整は .05/10 もしくは .005 となる。有意な知見を p<.05 とするのではなく，p<.005 を目指さなければならない。これははるかに厳密な基準である！　その結果が，統計的に有意検定のためのより保守的なアプローチにつながることがわかると思うが，しかし効果量を記述するという原則を厳守し，実際に行う検定数に応じて α レベルを調整することは，より科学的に信頼できる知見につながる。確かに私たちが見つける有効な効果や差異の数は少なくなるかもしれないが，このレベルの統計的精査に耐える効果や差異は非常に強力で確固としたものである。そして現実の問題を抱えた実際のクライエントを扱う応用もしくはフィールド調査では，生命の危険に関わることもあるのだから，私たちはより高次の科学的な厳密性を採用する必要があり，より実践性の低い分野の低い基準に満足するべきではない。

　また，思わぬ成果や関係を検証してみよう。事前に統計的検定で計画されたものでなく，データの山の中から予期せずに拾い出された，珍しい原石のようなものをである。それらを大切に保管し，しっかり記憶しておくと良い。しかし，今回の調査研究で論じようと思わない方がいい。むしろ，その予期しなかった知見が再び得られるかどうかを試す将来の新たな研究の出発点とするといい。そして繰り返された結果と一緒に，独自の発見と状況を報告する独立した論文を準備しよう。こうすることにより，あなたの予期しなかった知見が事前に計画を立てて結果を再現したことにより，複数の統計的分析の産物ではなく本物の現象であるということを確実にできる。これはまた，予期しなかった知見に基づき，理論を発展させたり拡大するための良い方法である。独自の研究結果を発表する際には，予想をはっきりと述べた仮説に直接関連する証拠に限って詳述するよう努めてほしい。

■議　論

　最後の節は単に「議論」と題することも多いが，一部の学術誌は
ほかの見出しを指示している。例えば，*Research on Social Work
Practice* では「議論と実践への応用」というタイトルを付け，単なる
可能性を示唆するだけでなく，知見を実践に実際に応用するための議
論をするよう要請している。この学術誌は実践研究を重視しているの
で，こうした応用に重点を置くことが非常に望ましい。

　最初に，議論の節では結果を要約し，仮説が確証されたのか棄却さ
れたのかを説明する必要がある。もしも結果が競合する何らかの仮説
によって説明できるなら，その可能性を詳述し，それが筋の通った代
替説明となるのか，それともそうではないのかを書くのが知的な誠実
さというものである。また，こうした結果が既存の理論とどのように
統合できるのかを適宜分析しよう。しかし，あなたの研究にとって本
当に基盤となった以外の，あまり関係のない理論について触れること
はやめた方がいい。こうした事後の理論化は理論と研究の関係の方向
性を混乱させてしまう。

　議論の部分には，自分の研究の限界に関する冷静なレビューもいれ
よう。限界の一部は，調査が完了して初めて思いうかぶものかもしれ
ない。例えば，独立の査定者が研究の最中に自分たちの評価について
議論していた，クライエントの視点からの信頼性に重大な差異があっ
た，またはセラピストのひとりが提供するトリートメント（処遇）を
混同していた，などである。観察データについて評価者間の一致度が
低い時は，たとえばトリートメント（処遇）によってのドロップアウ
トが多かったり特徴的であったりすれば，知見の正確性を脅かすこと
になる。これらは全て事後に気がつく限界であるが，しかし一部につ
いては調査のはじめからわかるかもしれない。例えば，調査の初期に
少人数のクライエントしか得られず，調査の統計的な説明力に影響を

及ぼすとわかっている場合である。パイロット調査，もしくは予備調査ではこれは許容される。たとえば，マリア・スピネリ（1997）は，妊娠中のうつ症状の女性に対する対人関係療法の適用に関して最初に論じた3ページの記述の際，13人のクライエントしか得られなかった。これは相対的に数が少なく，統計的に説明力がない。しかし，ここで得た予備的ではあるが肯定的な結果により，彼女は数年後に，より大きな，ランダム・サンプリングを経て管理した実験を行うための時間と資源を費やす理由を見出す（Spinelli & Endicott, 2003）。対人関係療法はソーシャルワーカーが発明したものであり，こうした研究は私たちにとって特に重要な関心事である。

　重要なことは，欠点は必ずしも断罪されるべきではないということである。完璧な調査をできる者は一人もいないし，問題や欠点を読者に伝えることにより，あなたがこれらの問題について気づいていないのではなく，結論に至る前に注意深く吟味したのだと知らせることができる。こうした情報を伝えることは，査読者や読者があなたに信頼を抱くことにつながる。もし問題に言及しなければ，それらが存在しないように振舞っているか，もしくは読者に気づかれないことを期待していると思われてしまうだろう。

　議論の節で触れるべきもう一つの点は，将来の研究への示唆である。誰かほかの人が，より良い研究をデザインするために，あなたの研究を土台として独創的なことをし，より堅実なソーシャルワーク介入の調査や，心理社会理論のより厳格な検定を実施することができるとしたらどうだろう？　表面的な提言（例：より多数のクライエントや，より多様な参加者のグループが必要など）ではなく，下記のような実のある提言をしよう。

・トリートメント（処遇）前後のクライエントの行動についての将

来の評価において，クライエントの自己報告および配偶者，介護者，両親もしくは教師などを含む三角測量の原則を用いること。

・現実世界の文脈において，評価者間の合意についての適切な検定とともに，行動の直接観察を含めること。

・単に問題を提示するという評価を越えて，より広い従属変数について言及すること。生活の質（quality of life），機能の全体的評価，生活満足度など。

単に知識を僅かに増やすばかりの繰り返しの調査研究ではなく，研究テーマを深めるためのアイディアを提案しよう。あなたの犯した間違いを避けるため，また予期できなかった困難について助言をしてあげよう。これらは，議論の節で含めるべき意味ある提案のはずである。

研究論文のなかの議論の節を書き終えたら，自分の背中を叩いて労おう。終わりに近づいている。次は参考文献だ！

■参考文献

今までのいくつかの節とは異なり，論文のこの部分は新しいページで始めよう。ヘッダーの下の最初の行中央に「参考文献」という見出しを水準１で作成する。原稿の今までの箇所と同じように，ワープロの設定がダブル・スペース〔一行あけ〕になっていることを確認しよう。APA 執筆要領に沿って参考文献をフォーマット化するやり方を知っておかなければならない。最初は難しく思えるが，一度コツを飲み込んでしまえば，理にかなったものである。

第一に，参考文献の順番は第一著者の名字のアルファベット順に並んでおり，各参考文献の最初の行は左端揃え，残りの行はインデントする。二番目の参考文献の一行目は再び左端を揃え，残りの行をまたインデントする。下記がその事例である。

Holosko, M. J.(2006). A suggested author's checklist for submitting manuscripts to *Research on Social Work Practice. Research on Social Work Practice, 16,* 449-454.

Holosko, M. J.(2006). A suggested author's checklist for submitting manuscripts to *Research on Social Work Practice. Research on Social Work Practice, 16* (4), 449-454.

　学術誌掲載論文を引用する際に犯しがちな誤りを示すため，ホロスコ博士の論文の引用を二通り掲載した。どちらが正しいかお分かりだろうか？　そもそも，違いがわかるだろうか？　上記で示されているよくある間違いは，号数を示すべきではないのに示していること，あるいは逆に表示されるべきなのに示していないということである。標準的なルールは，号数を含まないというものである。一体どういうことだろう？　そう，ほとんどの学術誌は，発行年，巻数，号数で参照できる。号数はある巻の中で一番目，二番目，三番目……に発行された番号である。今日，ほとんどの学術誌は年ごとにページ数を付けている。1号が1から120ページまであれば，2号は121ページから始まり，それが継続していく。だからその年の終わりのほうになれば，論文はその巻の400 ～ 700頁，号数は4号，5号，6号となっているかもしれない。APA執筆要領は単純である。年ごとにページ数がふられている学術誌には号数を含めず，号ごとにページ数がふられているものには号数を含めよということである（後者はほとんどない）[5]。例えば，*Research on Social Work Practice（RSWP）* は年ごとにページがふられており，一年に一巻，6号発行される。上記で引用したマイク・ホロスコの論文は *RSWP* の2006年7月号（4号）に掲載され

---

[5]　日本で出版される学術雑誌の場合，号ごとにページ数がふられているものも少なくない。

ている。APA 執筆要領に沿っているのはどちらだろう？　号数を<u>省</u><u>いている</u>最初の方である。

　その学術誌が年ごとにページをふっているのか，それとも号ごとに付けているのか，どうやったらわかるのだろう？　少なくとも３つの方法が存在する。参考文献を見てみて，もし 200 ページかそれ以上の番号で始まっていれば，年ごとにつけているのはほぼ確実であり（一つの号が 150 ページを超える学術誌はごくわずかである[6]），号数は削除できる。二番目の方法は，学術誌を入手することである。2，3，4 号が１ページ目から始まっていれば，号ごとにページがふられているので，参考文献をフォーマット化する際に号数をつけなければならない。もしその巻の１号しか持っていなければ，どちらかわからない。三番目の方法は，編集者に連絡して聞いてみることである。このレベルの詳細を確認することは実に単調で面倒な作業なのは認めよう。しかし，ミース・ファン・デル・ローエも言うように，「神は細部に宿る」のである。

　もう一つ見過ごされがちな APA 執筆要領は，章を引用する際にページ番号を含めることである。この二点以外は，APA 執筆要領に書かれている参考文献引用の神秘的な体験知の領域であり，私が皆さんに案内する必要もないだろう。本書ですでに述べたように，執筆要領は最初から最後まで必ず読み，習得する必要がある。

■著者紹介

　参考文献をつくり終えたら，次のページではヘッダーの下の最初の行で中央揃えにし，次のようにタイトルをつけよう。

---

[6]　日本で出版される学術雑誌には，ひとつの号が 150 ページを超えるものも多い。

著者紹介

　ここでは，学術誌が要求する著者についての情報や謝辞，研究費の提供元，利益相反，連絡先となる著者の住所とEメールアドレスなどを記す。最終学歴と，連絡先を記載するといいだろう。ここに学位や資格，所属を複数記載することも，あまり勧められない。Box 3.4は著者紹介の例である。ヘッダーと，ページ数が続きで記載されているのがわかるだろう。

Box 3.4　架空の著者紹介ページの事例

質的重要性 23

著者紹介

　ブルース・A. ティアーはフロリダ州立大学ソーシャルワーク学部トラウマ学研究所でソーシャルワークの教授を務め，また上級研究員でもある。

　質的インタビューを実施したジョージ・ブラハ，そしてインタビューのテープ起こしをコーディングしてくれたローラ・L・メイヤースに感謝したい。

　本研究は，国立メンタル・ヘルス研究所によるティアー博士への助成（MH-12345）による支援を受けたものである。本論文の一部は，2007年10月にカリフォルニア州サンフランシスコで開催されたソーシャルワーク教育協会の年次大会において発表された。本論文において利益相反は存在しない。

　本論文に関する連絡先：ブルース・A. ティアー（博士），フロリダ州立大学ソーシャルワーク学部（フロリダ州タラハシーFL32306）

　Eメール：Bthyer@fsu.edu.

■表

　著者紹介の次のページには，もしあれば表を入れる。一つの表を，一枚のページに書く。一ページに複数の表を書かないように。文章で

明確に記述するには濃密すぎる質的・量的データを提示するために表を使おう。6 ビット以上のデータは表に，それ以下のものは本文での記述でというのが一般的な基準である。例えば，2 つのクライアント集団のジェンダー分布を示すためだけに表を作成しないように。しかし，2 つ以上の集団に関する人口統計的情報が複数ある場合（年齢，人種，ジェンダーなど），表で提示するのが一番である。もし疑問があれば，その情報は本文で文章で説明しよう。表を印刷するのは文章を印刷するよりも費用がかかり，それぞれの表は一ページ必要であるため，もしあなたが論文を投稿しようと思っている学術誌が厳しいページ制限を設けていたら（全体で 15 ～ 20 ページというのが標準の制限である），表を最小限に抑えることは制限内に抑えるために役立つ。

　表のフォーマットに関する APA の執筆要領をよく読み，最低限に抑えようとする基準に正確に従おう。時々，表にありとあらゆる装飾的なフォーマットを使ったり，太字体や違うサイズのさまざまな書体（たくさんの情報を詰め込むためのちまちました書体を含む），余白や縁取りなど，植字工の仕事をやってしまう執筆者がいる。これはやらないで欲しい。原稿整理係によって全て修正されるだけでなく，余分な仕事を増やされたといって呪われることになる。表もダブル・スペース〔一行あけ〕で，簡潔で説明的なタイトルを付け，文章内で言及しておこう。以前の APA 執筆要領では，文章で表について言及する際，原稿を活字に組む際にどこに表が挿入されるべきかを原稿整理係に指示する必要があった。

- -

ここに表 1 を挿入

- -

APA 執筆要領では，これは必要なくなったことを覚えておこう。（あなたが投稿しようと思っている学術誌で特に要請していない限り，たまに要請しているものもあるが）挿入する必要はない。文章内で表 1 に言及し，（表 1 をこの辺に挿入）と注記を加えておくか，もしくは単に「表 1 に示されているように」と書こう。文章中で言及される表は，当たり前のことだが参考文献のあとに番号順に並べ，文章の適切な場所で言及しよう。文章で言及される表の番号と，参考文献のあとに提示される表の順番は対応していなければならない。文章中で表 1, 2, 3 に言及していたら，参考文献のあとに一ページずつ，表 1, 2, 3 が挿入されていなければならない。本文中の表を入れたい箇所に，表を挿入しては<u>いけない</u>[7]。表は本文ではなく，原稿では参考文献の<u>あとに</u>置かれる。表を準備する際には，モノクロで構成しよう。カラーの表の出版を認めている学術誌はほとんど存在しない。

■図の説明文

論文に図や写真を挿入したいと思うこともあるかもしれない。その際には，分別をもって選ぼう。表と同じく，図も一ページとして換算されるので，ページ配分の際に悩むことになるだろう。図は円グラフ，線グラフ，散布図，回帰曲線，写真，棒グラフ，チャート，地図，絵などを含む。最近では編集委員に紙に印刷したものではなく電子データを論文と一緒に提出する必要がある。必要な時には自分の図をスキャンし，電子的に送れるようにしよう。説明文やタイトルは，図の一部に含めてはいけない。これらは別のページに記載され（その最初が最後の表の後にくる），図（と説明文）が複数あっても，全ての図の説明文をこのひとつのページに記載できる。図の説明文は，論文

---

[7]　日本の学術雑誌の場合には，必ずしもそうとは限らない。

や表のタイトルと同じように，簡潔に必要な情報だけを伝えなければならない。下記がフォーマットの見本である。

図の説明文ページ

図1. 臨床ソーシャル・ワーカーの理論的志向の関数としてのクライエントの満足度スコア

図2. 2008年のジョージア州30郡における新たなHIV患者の分布

「図の説明文」というタイトルを新しいページのヘッダーとページ番号の下に中央揃えで書き，上記のようなフォーマットで図の説明文を記そう。イタリック〔本書では下線部〕と大文字〔原文では文頭と固有名詞の頭と略語が大文字〕に配慮してほしい。説明文が一行以上あれば，二行目以降は左揃えにしよう。

　図の説明文のあとは？　そう，図を挿入しよう！

■図

　表と同様に，図を用いる際にも賢明な判断をし，一ページに一つの図を表示しよう。表や本文の一部として，その情報が十分に提示できないものか真剣に検討してみよう。少量の情報しか伝えていない図（たとえば，2つのクライエント集団の平均年齢を示している棒グラフ，あるいは3つにしか分割されていない円グラフ）を使うのはやめよう。代わりに，こうした単純な情報は本文で説明しよう。図を用意する際には，カラーや微妙な白黒のグラデーションを使用することは避けよう。読者が判別するのが困難である。10個の項目に分かれ，白から黒まで少しずつ陰が濃くなるグラデーションになっている円グラフを想像してみるといい。判別するのが非常に困難であることがわかるだろう。円グラフや棒グラフを使用する際には，（斜線や点描など）違っ

た模様を使うことを検討しよう。

　一部のコンピューター・プログラムでは，棒グラフやヒストグラムを二次元もしくは三次元のフォーマットで表すことができる。二次元を利用しよう。三次元の方が見た目はいいかもしれないが，正確性を犠牲にして格好良く見せていることが多い。グラフを作成した時の垂直軸までデータをさかのぼり，ページから飛び出しているように見せることは，正確な視覚的配置を妨げる。三次元の絵や図表の利用は，立体の描写など三次元を組み込んだ情報の提示にのみ制限しよう。ソーシャルワークの教授であるマーク・マタイニは *More than a Thousand Words: Graphics for Clinical Practice* (1993) という素晴らしい本の中で，視覚的フォーマットでデータを提示する方法を示している。このテーマについて参考になる本を求めている人には強くお薦めできる。

　さあ，ゴールは目の前だ！　以上の論文の節を完成させたら，第一稿と呼ばれるものを終えたことになる。すでにある原稿を修正することは最初の原稿を用意するよりも楽なので，これは喜ばしいことだ。ここでファイルを保存し，USB ドライブにバックアップを保存し，パソコンをシャットダウンしてオフィスの電気を消し，家に帰って睡眠を取ろう。

◆───修正する

　ソーシャルワークの研究論文を執筆し，すぐに完成できるソーシャルワーカーはまれである。ほとんどの場合，提出できると思えるような出来の原稿に達するまでに，第一稿を適応させたり修正する期間が必要である。時間が許せば，ワープロの文章校正機能でもう一度点検しよう。また，50 語以上の長い文章がないかどうか，チェックしよ

う。もしあれば，分割したほうがいい。印刷して，ゆっくり読むといい。多くの人が印刷した原稿をチェックする方を好むようだが，一部にはスクリーン上で修正しながら読みたいという人もいる。どちらでも，好きな方法でチェックして構わない。

　もし共著者がいれば，かれらにもチェックする時間を取ってもらい，修正の提案を考慮し，修正するかもしくは合意に達するための時間を取ろう。全ての著者は論文の所有権をもち，責任があることに合意しなければならない。また，誰が連絡先になるのかについても同意がなければならない。もし可能であれば，<u>あなた自身が</u>引き受けよう。学術誌関連の連絡や，質問に対して自分が良心的に対応することはわかっているが，共著者がそこまで几帳面に対応してくれるかどうかはわからないからである。

　よくある悪夢は，第一稿を共著者に送って提案や修正をすぐ知らせてくれるよう頼んだあと，何も連絡がないということである。時間は過ぎ，原稿は眠ったままになる。リマインドを送るが，何も返事がない。共著者たちは忙しいのだろうし，もしかれらがあなたより年上の場合，催促するのは気がひけるかもしれない。しかし，相当の時間が経過すると，返事をしなかったり，論文の提出に許可を与えないといった態度はあなたの権利や義務を侵害する。これに対応するには，論文を電子メールに添付する形で送り（受信したことを自動的に知らせる確認機能をつけておくといいかもしれない），2週間などの妥当な期限付きで修正案を送付するよう要請することである。その際，2週間返事がなければ，論文に満足したとみなし，これこれの学術誌に投稿すると明確に告げておこう。これは，共著者が誰か（たとえば，学部長かそれとも大学院の助教か）によっては，少し危険な方法かもしれないが，遅れ気味な同僚に対処するには良い方法だろう。

　共著者のほか，同僚や大学院生に論文を読んでもらい，感想や印象

を聞くことは有用である。素晴らしく完璧であるという以外のプロジェクトの評価を受け止めることは困難だろうが，自負心を脇に置き，読者の建設的な意見に耳を傾け，提案の価値を考慮しよう。時に，論文を改善するための本当に有用なアイディアに出会うものである。もし，論文の簡単な構成さえも掴み損ねたと思えるようなまぬけなコメントが返ってきたら，もしかするとかれらは標準的な学術誌の読者よりも少し聡明かもしれないと思考を切り替え，同僚が理解できないようであれば，もう少し明確に構成するよう検討したほうがいいかもしれない。「レベルを下げよ」ということではなく，明瞭にしたほうがいいということである。

　提出前にもう一度，原稿に目を通すことはとても重要である。みなが自分の論文の優れた校正者になれるわけではない。しかし，もし原稿に誤植や文法的な間違い，変換ミスなどがあれば，査読者は原稿の内容やデータ分析にも同様な欠陥や，簡単なスペルミス以上の重大な間違いがあるかもしれないと懸念するかもしれない。できる限り，そのような間違いのない原稿を提出しよう。あなたの校正スキルを試すため，私は本書にいくつかの誤植をわざと挿入しておいた。これらは見落としや不注意ではなく，あなたの校正スキルを磨くための自覚的な努力であると安心していい。もしこれを信じるなら，私はフロリダの海岸沿いにある自分の不動産をあなたに売ってあげよう！

第4章

原稿を投稿する

　さあ，これでその雑誌に研究論文をきちんと執筆し，応募したい雑誌を選んだわけだ。お次はその雑誌に原稿を送る番である。これには，主に2つの方法が考えられる。近年では，著者にウェブ上から論文を投稿させるように，雑誌（とその出版社）がポータルサイトを準備することが増えている。こうしたインターネットの投稿用ポータルサイトにはたくさんの利点があるが，なによりも，標準化されたしきたりに従ってすべての情報を入力することで，投稿に必須な手続きを忘れていないと安心できる点がよい。たとえばこうしたサイトではたいてい，連絡先住所，Eメールアドレス，そしておそらくは電話番号かファクス番号を入力するようにすべての投稿者に要求するし，投稿者のうちの誰かを原稿編集作業の際の連絡先に指定したり，重要なキーワード（後日，索引や引用作成サービスのために活用される）をすべて入力するように求めてきたりする。それは良いのだが，ウェブポータルがあまりユーザーフレンドリーではないとイライラさせられることもある。たとえば良いサイトであれば，ただ「未記入の項目があります」というメッセージが表示されるだけではなく，どの項目が間違っていたり抜けているのかを明確に示してくれる。まだすべて記入し終わっていなくても，必要な情報が書かれているすべてのページ

を自由にスクロールしてみることができ，そうやってそのサイトのレイアウトに慣れることができる。だが悪いサイトだと，4項目を正しく入力してからではないと5項目に進むことができない。

論文のタイトルのページ，要旨のページ，本文，表，図などを別々に入力するように求めてくるサイトもある。それらすべてをひとつの完全原稿としてアップロードできるサイトもある。もちろん，後者のほうがはるかにユーザーフレンドリーである。いったん登録が終われば，あなたの論文には原稿番号が割り振られ，公式な原稿受領通知がEメールで届くはずだ。順調にいけば，いずれ査読結果が届くことになるだろう。

原稿ファイルをEメールに添付して，提出するように求める雑誌もある（だんだん少なくなっているが）。もっとも要求されることが多いのは，マイクロソフト・ワードの文書ファイル形式での提出だ。もっと少ないが，4～6部コピーした紙の原稿と，そして原稿のデータが入った，おそらくはフロッピーディスクを編集委員まで送るように著者に指示している雑誌もいまだにある。このやり方では，郵便のきまぐれやスタッフの不手際などで，ひどい遅れを引き起こしかねない。

どのように原稿を提出するにせよ，正式な論文送付状を添付したほうがよい。APAのマニュアルによれば，こうした送付状には投稿者の住所，Eメールアドレス，電話・ファクス番号が書かれており，そして「この原稿はオリジナルであり，以前に刊行されておらず，他の雑誌で同時に査読中ではありません」とはっきり宣誓してあることが必要である（APA, 2001, p. 382）。もし以前にも同じような論文を刊行していて，とりわけそれが今回投稿した原稿と同じデータセットを用いていたとしたら，そのことも，その業績の書誌情報とともに送付状にあらかじめ明記しておくべきである。あなたの研究がAPAもし

くは NASW の倫理基準に基づいておこなわれた，と明記しておくの
もいいだろう。その点は投稿原稿自体のなかでも述べられているわけ
で，それを強調することになる。こうした論文送付状は，論文草稿に
同封しておいたほうがよい。ウェブ上の投稿ポータルサイトではこう
した送付状を添付できるようになっていたり，カット・アンド・ペー
スト機能を使ってテキストボックスに書き込んだりできるようになっ
ている。E メールの添付ファイルで原稿を提出する場合，送付状も同
時に添付しよう。原稿を紙で郵送する場合でも同じことである。

　論文送付状は簡潔に書こう。必要な情報を記入すれば，余計なこと
は書かなくてもよい。送付状は，編集委員がその格調高い雑誌をいか
にすばらしい手腕で編集しているかを賛美するためのものではない
し，編集委員を務める研究者の以前の業績があなた自身の研究キャリ
ア形成にいかに大きな影響を与えたかと書き立てて誉めそやすもので
もなければ，自分はその編集委員である先生のかつての教え子である
と訴えかけるためのものでも，そのほかのやり方で編集委員におべっ
かをいうためのものでもない。

◆━━━利益相反

　あなたの研究に付随する，実際に起こっている，あるいは潜在的に
起こりうる利益相反を開示することに，学術論文において次第に注意
が払われるようになっている（e.g., Krimsky & Rothenberg, 1998）。そ
のような衝突は，製薬産業が新薬の特許申請を審査する研究者に助成
金を出している薬学の研究においてはより一般的であるが，ソーシャ
ルワーク研究プロジェクトでも個人的，ないし金銭的な利害が相反す
ることはあり得る。たとえば，あるソーシャルワーカーは，心理療法
に使われるバーチャル・リアリティ装置の効果に関する研究の審査・

公表に関与するかもしれない。もし，その装置が市販されており，ソーシャルワーカーがその企業の株式を所有していたり，その審査のために必要な資金を（寛大にも）製造元がそのソーシャルワーカーに提供していたとしたら，どうみても利益相反が発生する。そのような利益相反の可能性がないことを宣誓する文書を提出するように論文投稿者に求める雑誌や，刊行された論文自体の脚注でそれを明示するように求める雑誌もある。ソーシャルワーカーのなかには，自らが開発した新しい療法のトレーニングワークショップを実施することで，なにがしかのお金を稼ぐ者もいる。そのような者が，その新たなトリートメント（処遇）の形態の効果に関する研究の立案や公表に関わっていたとしたら，それも金銭的利益相反をひきおこすだろう。あるいは，あるソーシャルワークの研究者が，ある特定の問題を抱えた人々のためのセルフヘルプについての本を書くこともあるかもしれない。もし著者自身がその本の効用について評価することになったとしたら，同じような問題が起こるだろう。APA のマニュアルでは，論文の謝辞を述べる脚注の箇所で，「利益相反とみなされうるいかなる関係（例：自らの研究で用いた薬を製造した会社の株式を有している等）」についても明記するべきであるとしている（APA, 2001, p. 204）。

　これについては，常識を働かせよう。製薬会社の株がいくつか含まれたポートフォリオを用いた投資信託があなたの退職金口座に含まれていても，それはふつうなら利益相反とは見なされないので申告する必要はない。

◆─── 「サラミ研究」を避けよう

　「サラミ研究」とは，一つの研究を「公刊できる最小単位」の分母にして，たくさんの論文を書き散らすことをいう。たとえば，私はあ

る特定の深刻な問題を抱えた人々を介護する人々への心理学的介入プログラムの評価を含む博士論文の例を知っている。その介護者の問題は，ひとつの単純な事前−事後調査（統制）群法のなかでの，ふたつの異なる成果測定尺度を用いて測定された。博士号を取得したのち，その論文の著者はある学術雑誌に，ふたつのうち片方の成果測定尺度によって測定されたそのプログラムの明白な効果について論じた論文を投稿し，もう片方の成果測定尺度によって測定されたプログラムの効果について論じたまったく別の論文を他の雑誌に投稿した。これは，サラミ研究の良い（悪い？）見本である。つまりサラミ研究とは，あなたの研究プロジェクトを細長く引き延ばして，なるべく多くの論文にして刊行することなのである。サラミ研究は，ソーシャルワーク研究者が雇用主（たとえば大学）から，論文を出版するようにプレッシャーをかけられたため起きることもあるし，単なるナルシシズムからくるものかもしれないし，その研究者が所属する研究機関の評判を高める（多数の論文がそこから刊行されているとみなされれば，より権威ある研究機関だとみなされるだろう）ために行われるのかもしれない。それはまったくのあからさまなインチキではないが，感心なことではまったくない。なぜならそれは業績リストを水増しし，承認とテニュアのプロセスをねじ曲げるだろうからだ。そのような行いは，介入プログラムについての調査結果を判断するための読者の感覚を本来の次元からミスリードしてしまい，他の研究者によるメタ分析を面倒にし，学術雑誌の編集委員や査読者の時間を浪費させるなど，いろいろな問題を引き起こす（Yank & Barnes, 2003 を参照）。

　ただし，サラミ研究は実際にはめずらしいことではなく，安易に行われかねない。たとえば，博士論文の一部として書かれた膨大な量の先行研究レビューをもとに A という学術雑誌に投稿するレビュー論文を書き，B という雑誌では，先行研究レビューを大幅に省略し，博

士論文での実際の調査結果を用いて別の論文を書くことは，おそらく正当なことであろう。良いリトマス試験紙となるのは，自分が行ったもともとの研究プロジェクトをもとに書いた他の論文を適切に引用しているかどうか，自問自答してみることである。その答えがノーなら，あなたはサラミ研究に手を染めており，重複した内容の論文を出しているのを隠そうとしている可能性が高い。

　しかしながら，いくつかの別の論文として正当に出版できる博士論文もあるかもしれない。たとえば大半の博士論文は，先行研究の徹底したレビューから書き始められる。多くの学術雑誌はそのような文献レビューを定期的に掲載しているし，そのレビューがそこで紹介された既存の個別の研究に対するなんらかの批判的分析をしている場合は特にそうだ。それゆえ，あなたの博士論文の最初の1・2章は，おのずからそうしたレビュー論文にするのに向いているかもしれない。そうなれば，たぶんあなたの第二作目の論文が，あなたが行った実際の調査とその結果に基づいて書かれるものになるだろう。これはサラミ研究とはみなされまい。また新米のポスドクが，長大な博士論文を，長い文献レビューと独自の調査プロジェクトの報告を含むひとつの雑誌論文に圧縮しようとすることもよくある。多くの学術雑誌では投稿原稿に字数制限を設けていて，博士論文を圧縮した野心的な50ページの論文は，20ページの字数制限を設けている雑誌の編集委員によって問題外だと却下されるであろうことは，注意しておいたほうがよい。

　サラミ研究は，同じ論文を2回刊行することではない。そちらはよりあからさまな不正の事例である。先述の例のように，ひとりの著者が同じ研究成果をもとに，単にその成果をそれぞれの従属変数ごとに切り離して記述しただけの2つの論文を投稿することも，かなり露骨な二重投稿の事例に変わりはない。ひとつの論文のなかで両方の成果基準を報告するほうが良いやり方であるのが明らかな場合に，こうし

たやり方でふたつの業績をつくることに，いかなる健全な科学的理由もない。もっとも，そこに含まれるデータにねつ造や虚偽の記述はない。倫理的な問題としては，最初に刊行したほうの論文を二番目の論文で引用しなかったという，ささいな点があるだけだ。学術的・学問的に妥当ではない行為についての研究それ自体が，独立した研究領域である（e.g., Decoo, 2002）。全米ソーシャルワーカー協会やアメリカ心理学会による学術研究に関する倫理基準を厳守するソーシャルワーカーなら，この種の問題に直面することはないだろう。

第5章

修正・掲載不可に対処する

　真に成功したソーシャルワーク研究論文の著者には，何かしら共通した部分がある。かれらはみな，その経歴のいずれかの時点で，投稿論文を掲載不可にされたことがあるのだ。学術出版の世界において，掲載不可は避けがたい人生の現実である。それはつらくて不愉快なものだが，この業界に参入してゲームをプレイするためにあなたが支払う対価である。〔アメリカンフットボールの試合で〕タッチダウンで得点するためには，たくさんのヒット〔選手同士がぶつかりあうこと〕をしなければならない。あるいは，別の表現でいえば，王子様を見つけるためには，たくさんのカエルにキスをしなければならない。自分の原稿が掲載不可になったのを，個人的なこととして背負い込まないように努めなければならない。それは，私たちの仕事の一部なのだ。もっとも優れた有名なソーシャルワーク研究者ですら，つねに掲載不可の憂き目にあっている。私の同僚の精神力動療法研究者が言うように，もしあなたが自己愛的傷つきに敏感なら，そのようなリスクに身をさらさないようにするか，そうした経験に鈍感になるために，良い行動療法のセラピストを探したほうがよい！

　ある意味で，掲載不可という結果に対処するほうが，投稿論文を修正するようにという指示に対処することよりも簡単である。掲載不可

の通知には，あなたを考え込ませてしまう査読者による査読結果や批判的なコメントがいっさい伴わないことが非常に多いのだが，その場合はとりあえず，自分の論文をもう一度読み返してみよう。そして論文がほぼ元のままで良さそうなら，それを次の学術雑誌に投稿すればよい。必要になったら，3つめの雑誌に投稿すればよい，4つめ，5つめ，も然りだ。そうした努力を続けてほしい。私も，何年も辛抱強く待ち続け，たくさんの学術雑誌に振られたのち，結果的には望みより多くの論文を受理してもらうことができた。本章で挙げた助言には，信心深く従ってほしい。とりわけ，同僚や院生と共同執筆した研究論文についてはそうだろう。みんなの一生懸命な作業が実るかどうかは，あなたの注意深いフォローアップにかかっているかもしれないのだ。

　でも，自分の論文が何度も掲載不可になるということは，ほんとうにその論文が出来の悪い調査の成果物でしかないということなのだから，そんな努力はやめるべきなのではないかと，反論されるかもしれない。しかし私が思うに，そもそもの出発点では，あなた自身は自分の研究に価値があると専門的な判断を下していたのではないだろうか。ゴミみたいな論文を投稿し続けろと言っているわけではなく，自分が書いたものに対する冷静な自己評価と，掲載不可の通知に暗示されていたり実際に表記されている判定とのあいだのバランスを取る必要があると言っているのだ。もし，自分の研究には長所があるとあなたが本当に信じているなら，続けなさい。次のような研究を読んで，自分を慰めることだ。雑誌編集の意思決定過程における査読－再査読の信頼度を検証するために，既存の学術雑誌でいったん刊行されたものを第三者がタイプしなおし，その後同じ雑誌に再び投稿された論文の運命を検証した実証的調査研究がある（Peters & Ceci, 1982）。再提出されたこうした論文の驚くほど多くが，以前に刊行された業績だと

編集委員によって見破られることはなかったし，さらに驚くべき割合の論文が，その同じ論文が最近掲載されたまさにその雑誌に掲載する価値がないものだとして，匿名の査読者によって掲載不可にされたのである！　これが意味するのは，学術雑誌で行われる編集委員による査読や意思決定過程というものは，程度の差こそあれ確率の問題だということだ。だから，ある査読の過程で掲載する価値があるとみなされた研究論文が，次に査読を繰り返したら掲載の価値がないとされることさえありうるのだ。学術雑誌の編集委員や査読者にも，他の人と同じように，機嫌が良い日もそうではない日もあるだろうし，もっともありがちなのは，以前とは異なる査読者が投稿論文を査読したということだろう。したがって，掲載不可だからといって自動的にあなたの研究論文が根本的に出来が悪いということにはならない（あるいは，掲載されたからといって出来が良いといえるわけでもない！）。残念なことに，同じ論文を同時に査読する複数の査読者のあいだに，共通の評価基準についての十分な合意がないこともある。この点について，Kemp（2005）は次のように結論づけている。「評価者間の相関関係は，投稿された個々の論文の価値や質について確固たる言明を担えるほど十分なものではない……良い論文が掲載不可となりうる（そして，おそらくは，それほど良くない論文が掲載許可されうる）という結果は，決して目新しいことではない」（p. 782）。ノーベル賞受賞者を含む，代表的な学術的経済学者でも，論文を掲載不可にされたことがある。そうした論文のなかには，のちに刊行され，後年になってまさに古典たる研究論文とされるようになったものもあるのだ！（Gans & Shepherd, 1994）

　あなたの論文が掲載不可になったら，こうした事実からいくらかの慰めを得ることができるだろう。しかし，その決定をめぐって編集委員と争ってはいけない。潔くそれを受け入れて，先に進もう。郵送さ

れてきた掲載不可の通知に返事をする必要はないが，Ｅメールという
ものは，わざわざ時間と専門知識を費やしてくれた編集委員と査読者
に簡潔なお礼を返すには便利だ。そうすれば，編集委員はあなたとあ
なたのプロ意識に好印象をもち，あなたが次にその編集委員に論文を
送ったら，良い扱いをしてくれるかもしれない。怒りにまかせて行動
し，言い争ったり，その雑誌や編集委員，査読者を中傷したりするの
は，おしなべて無駄である。われわれは不完全な世界に住んでいるの
だという事実を受け入れて，先に進み，別のところに論文を送ろう。

　論文を修正・再提出せよという指示を受け取ったら，それは良い
ニュースかもしれない。なぜなら，査読者からの指摘に留意してでき
るだけ念入りに修正して再提出すれば，受理されるだろうからだ。修
正の指示は，簡単に着手して対応できる些細で容易なものであること
もある。もしそうなら，自分自身を祝福して，修正して再提出しよ
う。送付する際，論文修正稿に手紙を添えて，どのようにして修正指
示に対応したかを詳述しておこう。そういう手紙を添えることで，編
集委員の仕事を極力簡単にできるだろう。あなたが修正指示に応じて
論文のどの部分をどのように変えたのかを示しておけば，修正原稿
を再審査する時間を節約できるから，編集委員の機嫌が良くなるだろ
う。それは良いことだ。

　ただし，もっと突っ込んだ修正指示を，おそらく複数の査読者か
ら，受け取ることのほうが多いだろうし，そうした複数の査読者から
の指摘のなかには，お互いに矛盾しているものもあるだろう！　ここ
で，そんなときどうしたらよいかを教えよう。査読者を，査読者Ａ，
Ｂ，Ｃ……というふうに分類する。これは，もし紙の原稿で査読結果
が送られてきたなら紙の上でもできるし，電子データで修正指示を受
け取ったならワープロ文書ドキュメントファイル上でもよい。そうし
たら，個々の査読者からのそれぞれのコメントのなかで，個別具体的

な指摘や修正指示を♯1，♯2……というふうに分類する。査読者Ａからの最初の指摘に細心の注意を傾ける。もし，それが思慮深いものであるならば，それに従ってあなたの論文を修正する。もしそうでなかったら，無視して次に進む。その指摘に同意しない正当な根拠があるのなら，論文を修正するか，修正を拒否するかに際してあなた自身の選択を優先させよう。そして修正原稿の送付状に，あなたがどこで何を修正したかを指し示しながら（たとえば，「3ページの第2段落を参照」など），個々の批判にどのように対応したのかを詳細に記述しよう。査読者の指摘に従わない場合，その理由を簡潔に明記しよう。単にあなたが査読者の意見に同意しないこともある。査読者があなたの研究を理解する能力がないのが問題なこともある。頻度データを分析するのにｔ検定を使うよう推奨したり，比例データを分析するのにカイ二乗検定を使うよう推奨したりというふうに，査読者が単に間違えているということもある。なぜ，当該の修正指示に従わなかったのかを説明しよう。長々とつづく査読者の指摘のすべてについて，この作業を繰り返し行おう。すべての個別具体的な指示に注意を払ったのだということが編集委員に分かるようにしよう。修正と送付状を書き終わったら，それらを編集委員に送って次の展開を待とう。

　その際，ジョージ・オーウェルの「世の中でもっとも抗し難い衝動とは，他人の原稿を書き直したいという衝動だ」という洞察を心にとどめておこう。あなたの論文を「添削したい」という気持ちにまったく抵抗できない査読者もいるだろう。査読者から思慮深いコメントをもらうのを期待してはいけない。不愉快なことであるかもしれないが，論文が採択されたという，待ちに待った掲載許可通知を受け取るためには，審判に屈服することもときには必要なのだと受け入れることである。

第6章

論文の著者としての
あなたの責務

　さて，あなたの研究論文が学術雑誌への掲載を許可されたという通知が来さえすれば，するべきことは終わったと思うかもしれないが，それはほんの部分的にしか正しくない。確かに，あなたの努力の大半――研究を着想し，デザインし，それを遂行し，データを分析し，報告を書き，草稿を準備し，それに学問的な居場所を見つける――は終わったが，その直後，さらにその先にも，あなたが留意するべきいくつかの重要な未完の任務がある。

◆―――お祝いをしよう

　まず，自分自身を褒めてあげよう。やきもきしている共著者に論文が受理されたことを知らせて，正式な論文掲載許可通知書のコピーを送ってあげよう。上司や指導教授，あるいは学科長に，良いニュースを知らせよう。応援してくれた同僚がいるのなら，成功した喜びを分かちあえるように知らせてあげよう。あなたの所属する大学に，学部ごとの刊行業績を定期的に掲載する出版物があるのなら，あなたの論文が掲載許可になったことを確実に伝えよう。あなたの配偶者や恋人をディナーに連れて行こう。ワイン1本と，おいしい食事を楽しも

う。あなたのすぐれた研究の一部がレベルの高いソーシャルワークの学術雑誌に掲載されるのは，ほんとうにすばらしいことだし，それを成し遂げたあなたは栄誉を受けるに値する。さて，それでは，するべき作業に戻ることにしよう。

◆───著作者契約書を入手し，署名して返送しよう

あらゆる出版社は，著作者契約書に署名することをあなたに求めてくる。それによって，出版社はあなたの作品を出版する責任を負う代わりに，あなたの業績に関する権利の一部が出版社に移譲されることになる。学術雑誌の編集委員が，その雑誌で用いられている標準的な著作者契約書を，郵送もしくは（こちらのほうがありがちだが）電子メールに添付された PDF ファイルで送ってくるだろう。必要に応じてまず印刷し，注意深く読み，署名をし，編集委員か出版社のオフィスか，いずれか指示されたほうに返送しよう。出版社はファクスやスキャンされたものではなく，直筆の署名を求めてくるかもしれないから，契約書は郵便で返送しなければならないのがふつうだが，いろんな場合がある。あなた自身が保管するためのコピーをとっておこう。契約書は1ページの簡潔な文書かもしれないし，数ページにわたって細かい字で書かれ，その大半が理解不能な法律用語かもしれない。その学術雑誌が老舗の出版社から出されている評価の高いものならば，くらくらしながら契約書に署名することになるかもしれない。そうした条項には尋常ではないことや隠されたこと，あるいは欺瞞的なことは特にないのがふつうである。それによって出版社があなたの論文を出版でき，おそらくは将来出版される選集に再掲することができ，他人があなたの論文を，つまるところ授業で使用する課題文献集や編著書の章のひとつとして利用するのを許可できるようになる。あなたは

自分の論文を将来自著に収録したり，自分の担当する授業科目で用いる（例：履修学生のためにコピーをとったり，授業用のウェブサイトにアップしたりする）ことができるなどの，個人使用の権利を保持するのがふつうである。APAの規定は，次のようになっている。

　APAの学術雑誌から論文を刊行する著者は，自分自身の論文をAPAの許可なしに個人的な使用目的のために複製することを，その複製物がもともとの刊行物の著作権を明記する限りにおいて，許される（APA, 2001, pp. 341-342）。

　ようするに，あなたが著作者契約書に署名しなければ，出版社はあなたの研究論文の刊行作業を進めないということである。ばか正直に，契約書のいくつかの条項は修正・削除すべきだとか，新しい条項を入れるべきだとか要求して，つまり出版社があなただけのために手直しされた著作者契約書を準備するべきだと，編集者に反駁してもいいだろう。幸運を祈る！　こうした契約書は，ふつうはだいたい標準的なもので，修正を要するものではない。署名して先に進むに越したことはない。

　あなたに共著者がいれば，著作者契約書にすべての共著者が直筆で署名をして編集委員に返送するように求められるかもしれない。すべての著者の署名を要求する学術雑誌もあるが，それはほんとうに大変だ。いっぽうで，すべての共著者を代表して署名する権限をもっていると宣誓したひとりの著者代表の署名だけを求める雑誌もある。より簡単に必要なすべての署名を得ることができるやり方はおそらく，著作者契約書をPDFの添付ファイルとして電子メールで送り，共著者にプリントアウトして署名してもらい，あなたのもとに郵送で送り返してもらうことである。こうして全員の署名入りの書類を集めて，出版社にまとめて送ることができる。出版社にとっては，すべての共著

者の署名が入ったひとつの書類を受け取るのも，共著者が一人ずつ署名したいくつかの書類を受け取るのも，法的には同じことだし，共著者が自ら署名した文書をそれぞれ個別に出版社に送るのも同様だ。

◆━━━━ゲラ刷りを校正する

　適切に署名された著作者契約書を受領したら，出版社は製本作業にとりかかる。草稿は原稿整理係（copy editor）に渡され，書式や形式を整えられ，引用されているすべての文献が引用文献リストに載っているか，引用文献リストのすべての引用が論文中で適切に言及されているか確認される。表は何度もチェックされるが，それはあなたの推論が適切かどうかよりは，本文中で引き合いに出されている数字が図表の数字と一致するかを確認するためであったり，小数点以下の桁数があっているかどうかなどを確認するためである。原稿整理係は統計学者ではないし，そのチェックは表面的なものであることが多い（要約が長すぎないか，キーワードをきちんと提示しているか，など）。一般的にいって，原稿整理係の仕事は原稿を整えることである。この段階で，あなたは電子メールや電話で事実関係の確認の問い合わせや質問に答えるように求められたり，原稿整理用の論文原稿を渡されて確認するように要求されることもある。原稿がうまく整ったら，次の仕事は活字を組んで実際の雑誌論文の体裁にすることである。この段階での作業は，ゲラ刷りと呼ばれる。

　良い出版社は活字に組んだゲラ刷りをあなたに見せてくれるもので，それは進行係（production editor）と呼ばれるスタッフから電子メールでPDF文書として送られてくることが多い。ゲラ刷りには，いくつかのさらなる質問が書き込まれていることもある。あなたが草稿で「出版予定」と書いた引用文献や，ページ番号を書かないで章番

号で済ませた引用注の情報を更新するように求められたりする。自分の研究論文のゲラ刷りをもらうのは、いつもエキサイティングだ。注意深く確認しよう。もともとの草稿の間違いだろうと、原稿整理係や植字係が不注意で付け加えたものであろうと、ミスを修正する最後のチャンスなのだから。とりわけ統計的な記述、図表の位置や番号、小数点以下の桁数について再確認しよう。それらは本文の記述よりも見にくいがゆえにミスをしがちだからということもあるし、ミスを見つけるためには統計学的な専門知識が必要だからでもある。

　修正が少しだけだったら、進行係に電子メールで修正箇所を伝えてもよい。さらなる修正があるようなら、PDF のゲラ刷りをプリントアウトして、修正・変更を青字や赤字（か、とにかく目立つ色）で書き込もう。校正のやり方が指示された手紙には、変更や修正は、説明をする段落の追加や新しい統計分析手法の紹介などを付け加えず、文章のミスの訂正にとどめるようにと指示されているだろう。この段階で大きな変更を加えることにはコストがかかるので、それは妥当な要求である。当然、それまでの原稿整理の過程のなかでそうした大きな変更がなされてきたはずなのだから。賢くゲラ刷りを校正して、さあ、いよいよ論文が印刷されるのを待とう。

◆———生データやデータベースを保存して、求められたら共有しよう

　いうまでもなく、科学的研究の根本的な特徴とはアイディアや情報の自由な交換にあるのであり、自分のデータを執拗に独占しようとするのはまったく論外である。研究論文の著者には、自らの生データ（例：サーベイ調査、インタビューの文字起こし、行動観察データ）を安全かつ完全なまま保存しておくことが求められる。データベースや

コード集にも同じことがいえる。後者は，より保存しやすいのがふつうである。なぜなら，そうした情報はフロッピーディスク，ハードドライブ，フラッシュドライブで保存できるからである（もちろんバックアップもできる）。なぜそのようなことを求められるのだろうか。そう，ひとつの理由は，行動科学の学術雑誌にはあなたのデータを預からせるように求めてくるものがあるからだ（ソーシャルワークの学術雑誌でそのような要求をする例は聞いたことがない）。そして研究助成を行っている連邦政府の機関も，自分たちが支援した研究の成果である論文のデータについてそのようなことを要求する場合がある。公的資金を助成された研究なのだから，それによって得られたすべての情報も公的領域にあるべきだという理屈だ。しかし，もっとも顕著な理由は，あなたのデータを参照したいという要望が他の研究者からあったときに，迅速かつ丁重に対応できるようにするためである。そうした研究者はあなたの推論的分析を再検討したいのかもしれないし，異なった統計的検定によってあなたのデータを再検証したいのかもしれないし，あなたが得た情報についてのなんらかの二次的分析を行いたいのかもしれない。

　これらはすべて正当な要請であり，正当に配慮されるべきである。これに対応するために新婚旅行を延期する必要まではないが，要望してきた人が正当な学術的目的を示しているとみなしうる限り，その要望に応じるべきである。明らかに常軌を逸した人がそのような要請をしてきたのであれば，時間をかけて返事をすることはないが。研究者としてのこうした責務に従うのが難しいと感じるかもしれない。結局のところ，相手が送ってくれと無造作に頼んでいる SPSS のデータベースを作成するために，あなたは何か月も，あるいは何年も，単調な作業を耐え忍んできたのだから。しかし，そうするべきである。それにかかる費用はすべて相手に請求できるが，それは合法で正当なも

のであるべきで，それで利益を挙げたり，情報提供の要請を思いとど
まらせるためにふっかけたりしてはいけない。

　大半のソーシャルワーク系学術雑誌は APA の出版マニュアルの慣
例に準拠しているとされているが，このマニュアルとは論文執筆用の
スタイルガイドよりもはるかに広範なものだと認識しておくことは重
要である。それは，誰が研究論文の著者になる資格があるのかとか，
ピア・レビューはどのようにして行われるのかとか，編集委員の責務
とは何かとか，多くの科学的実践を網羅する詳細な取り決めでもある
のだ。その APA マニュアルは，データの保存について次のように定
めている。

　　関心を抱いた読者が統計的分析を検証できるように，著者は研究を刊
　　行した後も生データを保存すべきである。APA の学術雑誌に掲載を
　　許可された論稿の執筆者は，編集委員による査読プロセスのあいだ，
　　そして論文が刊行された日付から少なくとも 5 年間，生データを提示
　　可能にしておくことが求められる（APA, 2001, p. 137）。

マニュアルはさらに，次のように規定する。

　　資格のある専門家が結果や分析を確かめられるように，著者は生デー
　　タをその研究を刊行してから最低 5 年間は保存しておくことが求め
　　られる。研究に関連するその他の情報（例：指示書，取扱いマニュア
　　ル，ソフトウェア，手続きの詳細）も，同じ期間保存されるべきであ
　　る。こうした情報は，他者が追試をしようとする際に必要である。著
　　者には，そのような要望に迅速に，協調の精神でもって応えることが
　　求められる（APA, 2001, p. 354）。

　もちろん，APA マニュアルにはこれ以上のことが書かれているか
ら，そこに列挙された規定の詳細を把握しておくべきである。もうひ

とつの理由としては，あまり一般には認識されていないことではあるが，そのような要望があるから私たちは誠実でいられるということがある。生データやプロトコルを他人の要請に従って提供するように求められることを著者が知っていたら，科学的な欺瞞が予防されやすくなるし，そのような欺瞞が起こったことが白日にさらされやすくなる。研究が学術雑誌に掲載された後に，まるっきりねつ造だったことが明らかになることがたまにある。調査対象者も，患者の記録も，データも何もなく，ただ世間をだましたいという歪んだ愉しみか，あるいはよりありがちなことには，履歴書に業績を詰め込んで自分の経歴をうわべだけ高めたいがために，そのようなあからさまなねつ造が行われるのだ。幸いなことに，そのようなねつ造された研究はソーシャルワーク研究の文献では非常にまれにしか存在しない。

　最近の調査によれば，研究者個人のデータの共有を求めるこうしたAPAの規定が守られることは実際にはまれである（Wicherts, Borsboom, Kats, & Molenaar, 2006）。その調査では，近年にAPAの学術雑誌で論文を刊行した著者にそうした依頼をしてみたのだが，そのうちのわずか26％からしか生データを入手できなかった。しかし，他人があまり遵守していないからといって，APAのマニュアルに準拠した学術雑誌に論文を掲載することでその規定に暗黙のうちに同意したことに由来するあなたの倫理的責務が，軽くなるわけではない。

◆───論文のコピーを配れるようにしておこう

　私が大学院生だったその昔，研究論文を刊行した後，著者は自分の論文の「抜き刷り」──専門業者によってタイプされて印刷された，雑誌に掲載されたものとまったく同じ体裁の論文のコピーのこと

——を送ってほしいという要望をハガキや手紙で受け取ることがあった。こうした要望は，海外の研究者や，出版目録で論文の概要を読んで全文を読みたいと考えた一般の人から寄せられることが多かった。論文が刊行されたら，その抜き刷りを（有料で）注文することができたし，追加料金を支払えばそれに色のついた厚紙のカバーをつけることもでき，それはなかなかしゃれたものだった。しかし，郵送される抜き刷りの時代から，Eメールで送られるPDFファイルの時代に変わった——おそらく，より人間味がなく，がさつで，能率的な時代になったのだろうが，速やかな科学的コミュニケーションはさらに一段と容易になった。いまでも，刊行された論文の抜き刷りやPDFファイルを送ってくれという要望が，真理を探求している同業者たちからときどきあるので，そのときにはもちろん速やかに対応しよう。研究論文を無料で読める図書館への入館資格がないから，あなたに直接依頼してくる研究者もいるのだ。あなたがPDFファイルをもっていたら，Eメールでそれを送ろう。もっていなかったら，あなたの論文をスキャンして，それが必要だからと問い合わせてきた人にインターネットを通じて送ろう。最低限，論文をコピーしてその人のもとへ郵送しよう。科学の規範に照らせばそれが正しいことなのであり，ことによれば，あなたは良い徳を積むことになるかもしれない。

◆———自分の研究論文を率先して宣伝しよう

　研究論文が発行されることになったら，あなたの新しい論文で焦点を当てた研究領域で活躍しているソーシャルワーク業界内外の研究者のリストをつくっておこう。論文のコピーにあなたの名刺を添えて，簡単な送付文（「X先生。このたび上梓させていただいた拙論にご関心をもっていただけるかと考え，お送りさせていただきます。どうぞよろ

しくお願い申し上げます。 ＜あなたの氏名＞」）もつけたほうがいい
かもしれない。封筒に入れて，高名なＸ博士に郵送しよう。丁重で好
意的な返事を待とう。ただ，何も期待してはいけない。より効率的で
はないやり方だが，世界中のＸ博士にあなたの論文をPDFファイル
で，迷惑メールだと思われないように，どれもほぼ同じだがより具体
的な説明を書いたＥメールの本文に添付して送付しよう。早くやった
ほうがよい。世界中のすべてのＸ博士に自分の論文を引用してほしい
のであれば，かれらのもとにより素早く論文を届ければ，そうしたこ
とはより起こりやすい。あなたの素晴らしい研究に接することがなけ
れば，かれらはそれを引用しようがないのだから。かれらがあなたの
論文を探さなければならない手間を省くために，あなたは厚意でその
ようにしているのである。繰り返すが，何も反応がないことが多いだ
ろう――が，反応が返ってくるときもあるし，Ｘ博士がほんとうにあ
なたの親切に感謝して，執筆中の著作にあなたの研究を引用してくれ
ることもあるだろう。もちろん，Ｘ博士はむしろあなたの論文を批判
的に評価し，数多くの欠点を辛辣にあげつらうかもしれない。だが，
それは実証的な研究論文を刊行する際に私たちすべてが引き受けなけ
ればならないリスクなのである。良い研究であると評価され認知され
ることは，図らずも良くない研究をしてしまったという不名誉と隣り
合わせなのだ。

◆───要約

・著作者契約書に迅速に，不平を言うことなくサインして返送しよう

・原稿整理係からの長々とした質問に迅速に，不平を言うことなく
　対応しよう

・ゲラ刷りを迅速に，不平を言うことなく校正しよう

・生データとプロトコルを最低5年間保存しよう

・生データとプロトコルを，ふさわしい研究者と共有しよう

・論文のコピーを送ってくれと頼まれたら，送ろう

・あなたの研究領域で活躍している研究者に，頼まれなくても率先して研究論文のコピーを送ろう

◆───おわりに

さて，親愛なる同業者のみなさん，よくぞここまでできました。みなさんの忍耐に感謝しますし，私がさまざまなトピックをどれだけうまく説明できたか，将来本書の新版を作成する際に何を削除し付け加えるべきか，ご意見を歓迎します（Bthyer@fsu.edu までお寄せください）。みなさんが自分自身の専門的研究を刊行する計画を進める際に，本書に書かれた示唆が役に立つことを心から望んでいます。ひいては，本書に書かれた示唆が，良質のソーシャルワーク研究の論文を準備して投稿しようとするみなさんのような研究者をひとりでも多く励まし，ソーシャルワーク研究の学術雑誌の業績を充実させることに貢献できたらと願っています。さあ，次の研究に取り掛かりましょう！

> そこで，彼は立ち去り，出版しはじめた……
> ──マルコによる福音書，第5章，20節[1]

---

[1] 新約聖書中の一文「そこで，彼は立ち去り，そして自分にイエスがしてくださったことを，ことごとくデカポリスの地方に言いひろめ出した（began to publish）ので，人々はみな驚き怪しんだ」（日本聖書協会『聖書』1979年，58ページ）より。ここでは著者のユーモア精神を表現するために「began to publish」を「出版しはじめた」と訳した。

引用文献

American Psychological Association. (2001). *Publication manual of the American Psychological Association* (5th ed.). Washington, DC: American Psychological Association.（アメリカ心理学会／前田樹海・江藤裕之・田中建彦（訳）(2011)『APA 論文作成マニュアル（第 2 版）』医学書院）

Barker, K., & Thyer, B. A. (2005). An empirical evaluation of the editorial practices of social work journals. Voices of authors published in 2000. *Journal of Social Service Research, 32,* 17-31.

Bennett, L. W., Stoops, C., Call, C., & Flett, H. (2007). Program completion and re-arrest in a batterer intervention system. *Research on Social Work Practice, 17,* 42-54.

Blenkner, M. (1962). Control groups and the placebo effect in evaluative research. *Social Work, 7,* 52-58.

Decoo, W. (2002). *Crisis on campus: Confronting academic misconduct.* Boston: MIT Press.

Fischer, J., & Corcoran, K. (2007). *Measures for clinical practice and research: A sourcebook* (4th ed.). New York: Oxford University Press.

Gans, J. S., & Shepherd, G. S. (1994). How are the mighty fallen: Rejected classic articles by leading economists. *Journal of Economic Perspectives, 8,* 165-180.

Green, R. G., Baskin, F. R., & Bellin, M. H. (2002). Results of the doctoral faculty publication project: Journal article productivity and its correlates in the 1990s. *Journal of Social Work Education, 38,* 135-152.

Holden, G., Barker, K., Covert-Vail, L., Rosenberg, G., & Cohen, S. A. (2007). Does social work abstracts work? *Research on Social Work Practice, 18* (5), 487-499.

Howard, M. O., & Jenson, J. (Eds.). (1999). Practice guidelines and clinical social work [Special issue]. *Research on Social Work Practice, 9*(3).

Hudson, W. W., Thyer, B. A., & Stocks, J. T. (1985). Assessing the importance of experimental outcomes. *Journal of Social Service Research, 8,* 87-98.

Justice, A. C., Cho, M. K., Winker, M. A., Berlin, J. A., & Rennie, D. (1998). Does masking author identity improve peer review quality: A randomized controlled trial. *JAMA, 280,* 240-242.

Kemp, S. (2005). Agreement between reviewers of *Journal of Economic Psychology* submissions. *Journal of Economic Psychology, 26,* 779-784.

Krimsky, S. D., & Rothenberg, L. S. (1998). Financial interest and its disclosure in scientific publications. *JAMA, 280,* 225-226.

LeCroy, C. W. (1985). Methodological issues in the evaluation of social work practice. *Social Service Review, 59,* 345-357.

LeCroy, C. W. (1994). *Handbook of child and adolescent treatment manuals.* New York: Lexington.

Leung, P., & Cheung, M. (2007). *Journals in social work and related disciplines: Manuscript submission information.* Houston, TX: Graduate College of Social Work, University of Houston.

Marsh, J. (Ed.). (1997). *An author's guide to social work journals.* Washington, DC: NASW Press.

Mattaini, M. A. (1993). *More than a thousand words: Graphics for clinical practice.* Washington, DC: NASW Press.

Peters, D. P., & Ceci, S. J. (1982). Peer-review practices of psychology journals: The fare of published articles submitted again. *Behavioral and Brain Sciences, 5,* 187-255.

Rosen, A., Proctor, E. K., & Staudt, M. (1999). Social work research and the quest for effective practice. *Social Work Research, 23,* 4-14.

Royse, D., Thyer, B. A., Padgett, D., & Logan, T. K. (2006). *Program evaluation: An introduction* (4th ed.). Belmont, CA: Thomson.

Rubin, A., & Babbie, E. (2007). *Research methods for social work* (6th ed.). Belmont, CA: Thomson.

Seipel, M. O. (2003). Assessing publication for tenure. *Journal of Social Work Education, 39,* 70-88.

Sellers, S. L., Smith, T., Mathiesen, S. G., & Perry, P. (2006). Perceptions of professional social work journals: Findings from a national survey. *Journal of Social Work Education, 42,* 139-160.

Shek, D. T. (2008). Comprehensiveness of Social Work Abstracts as a database for researchers and practitioners. *Research on Social Work Practice, 18* (5), 500-506.

Snyder, P., & Lawson, S. (1993). Evaluating results using corrected and uncorrected effect size estimates. *Journal of Experimental Education, 61,* 334-349.

Spinelli, M. (1997). Interpersonal psychotherapy for depressed antepartum women: A pilot study. *American Journal of Psychiatry, 154,* 1028-1030.

Spinelli, M. G., & Endicott, J. (2003). Controlled clinical trial of interpersonal psychotherapy versus parenting education program for depressed pregnant women. *American Journal of Psychiatry, 160,* 555-562.

Springer, D. W., Abell, N., & Hudson, W. W. (2002). Creating and validating rapid assessment instruments for practice and research: Part 1. *Research on Social Work Practice, 12,* 408-439.

Springer, D. W., Abell, N., & Nugent, W. R. (2002). Creating and validating rapid assessment instruments for practice and research: Part 2. *Research on Social Work Practice, 12,* 768-795.

Thompson, B. (1999). Improving research clarity and usefulness with effect size indices as supplements to statistical significance tests. *Exceptional Children, 65,* 329-349.

Thyer, B. A. (2001). What is the role of theory in research on social work practice. *Journal of Social Work Education, 37,* 9-25.

Thyer, B. A. (2005). A comprehensive listing of social work journals. *Research on Social Work Practice, 15,* 310-311.

Thyer, B. A. (2007). Social work education and clinical learning: Towards evidence-based practice? *Clinical Social Work Journal, 35,* 25-32.

Thyer, B. A., & Myers, L. M. (2003). An empirical evaluation of the editorial practices of social work journals. *Journal of Social Work Education, 39,* 125-140.

Van Rooyen, S., Godlee, F., Evans, S., Smith, R., & Black, N. (1998). Effects of blinding and unmasking on the quality of peer review: A randomized trial. *JAMA, 280,* 234-237.

Wicherts, J. M., Borsboom, D., Kats, J., & Molenaar, D. (2006). The poor availability of psychological research data for reanalysis (letter). *American Psychologist, 61,* 726-728.

Yank, V., & Barnes, D. (2003). Consensus and contention regarding redundant publications in clinical research: Cross-sectional survey of editors and authors. *Journal of Medical Ethics, 29,* 109-114.

参考図書

Browner, W. S. (2006). *Publishing and presenting clinical research* (2nd ed.). Philadelphia, PA: Lippincott Williams & Wilkins.（ウォーレン・S・ブラウナー／折笠秀樹（監訳）(2001)『ＥＢＭ医学英語論文の書き方・発表の仕方』医学書院）

Day, R. A., & Gastel, B. (2006). *How to write and publish a scientific paper.* Westport, CT: Greenwood Press.（R・A・デイ、B・ガステル／美宅成樹（訳）(2010)『世界に通じる科学英語論文の書き方：執筆・投稿・査読・発表』丸善）

Holosko, M. J. (2006a). A suggested author's checklist for submitting manuscripts to *Research on Social Work Practice. Research on Social Work Practice, 16,* 449-454.

Holosko, M. J. (2006b). *Primer for critiquing social research: A student guide.* Belmont, CA: Thomson.

National Association of Social Workers. (2005). Peer review and publication standards in social work journals: The Miami statement. *Social Work Research, 29,* 119-121.

Pan, M. L. (2004). *Preparing literature reviews: Qualitative and quantitative approaches* (2nd ed.). Glendale, CA: Pryczak Publishing.

Pryczak, F. (2005). *Evaluating research in academic journals* (3rd ed.). Glendale, CA: Pryczak Publishing.

Pryczak, F., & Bruce, R. R. (2005). *Writing empirical research reports* (5th ed.). Glendale, CA: Pryczak Publishing.

Silvia, P. J. (2007). *How to write a lot: A practical guide to productive academic writing.* Washington, DC: American Psychological Association.（ポール・J・シルヴィア／高橋さきの（訳）(2015)『できる研究者の論文生産術：どうすれば「たくさん」書けるのか』講談社）

Thyer, B. A. (1994). *Successful publishing in scholarly journals.* Thousand Oaks, CA: SAGE.

Thyer, B. A. (2002). How to write up an outcome study for publication. *Journal of Social Work Research and Evaluation: An International Publication, 3,* 215-224.

索　引

■A-Z

Affilia　11, 18, 36
Behavioral and Brain Sciences　30
Clinical Social Work Journal　12, 18, 36
Journal Citation Reports　27-29
　→ *Web of Science*
Journal of Applied Behavior Analysis　37
Journal of Applied Behavioral Science　37
Journal of Applied Social Sciences (JASS)　25, 26
Journal of Social Service Research　17, 32, 33
Journal of Social Work Education　6, 15, 18
Journal of Social Work in Long-Term Care　26
Journal of Social Work Values and Ethics　18, 34
Journals in Social Work and Related Disciplines　15
Psychological Abstracts　30, 31
PsycINFO　4, 31, 32, 36
Qualitative Social Work　18, 37
Research on Social Work Practice (RSWP)　11, 12, 15, 18, 31-35, 71, 74
　裏表紙にある情報　31
　学術雑誌としての性格　33
　「議論と実践への応用」　43, 44, 71
　購読者（機関）　12, 35
　知名度　11
　発行母体　11, 32
　（巻号の）ページ数の付け方　74
Social Science Abstracts　34
Social Science Citation Index (SSCI)　30, 32, 36
Social Service Review　19, 32, 33, 35
Social Work　15, 18, 28, 32, 33, 35
Social Work Abstracts　18, 31, 32, 34
Social Work Research　18, 32, 33
Web of Science（WOS）　4, 5, 27-30

■あ行

アウトライン　42-44
アメリカ心理学会（American Psychological Association（APA））　2, 4, 99, 104
インターネット購読　10, 11　→オンライン学術雑誌
インパクトファクター（IF）　27-30, 36
裏表紙　31
英語圏のソーシャルワーク系学術雑誌　17-19
APA執筆要領　2, 16
　学位を明記しない　47, 48
　行あけ　44
　参考文献　43, 44, 73-75
　執筆要領の採用　2, 16, 41
　重要性　2, 103
　タイトル・ページ　44-49
　著作者契約書　98-100, 106
　データの共有　101-104
　統計的に有意な差異のある結果を記述すること　67

表　76-78
（APA 執筆要領を）学ぶこと　41
要旨　44, 48-51
利益相反　76, 85, 86
論文送付状　84, 85
オンライン学術雑誌　13, 34　→イン
　ターネット購読

■か行────────────

介入　43, 44, 60-64
学位を明記しない　47, 48
学術雑誌を選ぶ際のガイドライン　36
仮説　43, 44, 51, 54-56, 67, 69, 71
学会　5, 8
　　──発表　5, 14
議論　44, 71-73
結果　43, 44, 50, 56, 59, 62, 66-71
ゲラ刷りを校正する　100, 101
限界（研究の）　71
研究業績の評価ランキング　8

■さ行────────────

査読者　3, 36-39, 93-95
サラミ研究　86-89
参考文献　43, 44, 73-75, 78
修正　3, 13, 80-82, 94, 95
昇進　7　→テニュア（終身在職資格）
将来の研究への示唆　72
助成出版学術雑誌　22, 23
序論　44, 51-57
申請用の履歴書　8
図　44, 79, 80
　　──の説明文　44, 78, 79
推測的検定　67, 68
スタッフ（学術雑誌発行担当部署
　の）　38, 39
成果測定尺度　43, 44, 50, 54, 64-66

　　──をつくる　65
正誤表通知　13
全米ソーシャルワーカー協会（National
　Association of Social Workers
　（NASW））　15, 17, 32, 38, 39, 48
全米ソーシャルワーク教育協議会
　（Council on Social Work Education
　（CSWE））　7, 15, 38, 39, 49

■た行────────────

対人関係的な要因　36
タイトル・ページ　44-49
タイムラグ（投稿から出版まで
　の）　27, 28
ダンの多重比較検定　69　→ボンフェ
　ローニ不等式
調査デザイン　43, 44, 59, 60
著作者契約書　98-100, 106
著者紹介　75, 76
通常治療トリートメント（処遇）
　（TAU）　60　→標準的ケア
データの共有　101-104
テニュア（終身在職資格）　7-9, 20-23,
　36, 39　→昇進
投稿　83-85

■は行────────────

パッケージ販売　11, 12
発行部数　35
速さ（発行プロセスの）　6-7
ピアレビュー　2-4, 8, 9, 14
表　76-78
標準的ケア　60　→通常治療トリート
　メント（処遇）（TAU）
不採択率　22, 24, 25
編集委員　2, 3, 13, 36-39, 93-95, 103
方法　57-59

ボンフェローニ不等式　69　→ダンの
　多重比較検定

■ま行────────────
間違い（論文上の）　13
見出し　42, 50, 51

■や行────────────
要旨のページ　44, 48-51

■ら行────────────
ランク（学術雑誌の）　21, 22
利益相反　85, 86
理論　56, 57, 67, 71
倫理審査委員会（institutional review
　board（IRB））　58

■わ行────────────
ワープロ　44, 45

訳者紹介

舟木 紳介（ふなき しんすけ）【第 1 章, 第 2 章】
Master of Arts (Social Policy)。福井県立大学看護福祉学部准教授。専門はソーシャルワーク。論文に Multiculturalism and social cohesion: A Japanese community's perceptions of "being Australian". *Asian Social Work and Policy Review 15* (1), 67-79, 2021 年等。

木村 真希子（きむら まきこ）【第 3 章】
Ph.D (Sociology)。津田塾大学学芸学部教授。専門は国際社会学, 南アジア研究。主著に「インド・アッサム州における人の移動と人権保障――全国市民登録簿 (NRC) 更新問題を中心に」『平和研究』(53), 1-16, 2019 年, 『先住民からみる現代世界――わたしたちの〈あたりまえ〉に挑む』（共編著, 昭和堂, 2018 年）, *The Nellie Massacre of 1983: Agency of Rioters*（SAGE, 2013 年）等。

塩原 良和（しおばら よしかず）【謝辞, 第 4 章, 第 5 章, 第 6 章】
博士（社会学）。慶應義塾大学法学部教授。専門は社会学, 移民・多文化主義研究。主著に *Cultural and Social Division in Contemporary Japan*（共編著, Routledge, 2019 年）, 『分断と対話の社会学』（慶應義塾大学出版会, 2017 年）, 『分断するコミュニティ』（法政大学出版局, 2017 年）, 『共に生きる』（弘文堂, 2012 年）, 『変革する多文化主義へ』（法政大学出版局, 2010 年）, 『ネオ・リベラリズムの時代の多文化主義』（三元社, 2005 年）等。

著者紹介

ブルース・A．ティアー（Bruce A.Thyer）
フロリダ州立大学ソーシャルワーク学部教授。
Research on Social Work Practice 誌を立ち上げ，編集委員を務める。

 ソーシャルワーク研究のためのポケットガイド
論文を書く・投稿する

初版第1刷発行　2021年5月4日

著　者　ブルース・A．ティアー
訳　者　舟木紳介
　　　　木村真希子
　　　　塩原良和
発行者　塩浦　暲
発行所　株式会社　新曜社
　　　　〒101-0051　東京都千代田区神田神保町 3-9
　　　　電話（03）3264-4973・FAX（03）3239-2958
　　　　e-mail：info@shin-yo-sha.co.jp
　　　　URL：https://www.shin-yo-sha.co.jp/
印　刷　メデューム
製　本　積信堂

――――――――― 好評関連書 ―――――――――

ワードマップ **社会福祉調査**
――企画・実施の基礎知識とコツ
斎藤嘉孝 著
四六判248頁
本体2200円

ワードマップ **学校臨床社会学**
――教育問題の解明と解決のために
今津孝次郎 著
四六判272頁
本体2500円

ワードマップ **防災・減災の人間科学**
――いのちを支える・現場に寄り添う
矢守克也・渥美公秀 編著
四六判288頁
本体2400円

ワードマップ **フィールドワーク 増訂版**
――書を持って街へ出よう
佐藤郁哉 著
四六判320頁
本体2200円

コミュニティ臨床への招待
――つながりの中での心理臨床
下川昭夫 編
A5判332頁
本体3400円

自殺をとめる解決志向アプローチ
――最初の10分間で希望を見いだす方法
J・ヘンデン 著
河合祐子・松本由起子 訳
A5判288頁
本体4300円

（表示価格は税を含みません）

――――――――― 新曜社 ―――――――――